LA VOLUNTAD DE DIOS ES PROSPERIDAD

Por Gloria Copeland

KCP Publicaciones
Fort Worth, Texas U.S.A.

Traducido por Dr. Luis González

La Voluntad de Dios Es Prosperidad

ISBN 0-88114-314-6

A menos que se indique de otra manera, todas las citas de la
Escritura son tomadas de la Antigua Versión Reina-Valera 1960
Revisada.

Publicado por Ministerios Kenneth Copeland
Fort Worth, Texas 76192
U.S.A.

Traducción al Español
Dr. Luis González

30-0510-SP

Contenido

Contents

Un Mensaje de Gloria Copeland

¿Ha escrito usted alguna vez un libro? Déjeme decirle lo que ocurre cuando usted se sienta para escribir la primera palabra. Esta mañana, al yo sentarme a escribir *La Voluntad de Dios Es Prosperidad*, lo primero que hice fue mirar en mi archivador de notas—pequeños trocitos y pedacitos de papel con diferentes Escrituras y perlitas de la Palabra de Dios—que yo estaba colectando por muchos años. Uno estaba tan viejo que se había puesto amarillento.

Por varios años yo sabía que escribiría este libro. El caso es que originalmente yo quería incluirlo como el último capítulo de mi primer libro, *La Voluntad de Dios para Usted*. Pero cuando terminé los otros capítulos y traté de escribir éste, parecía como que algo faltaba. Sencillamente no podía continuar. Y ahora sé por que. A pesar que yo sabía algunas cosas acerca de la ley de la prosperidad, yo no tenía toda la revelación completa sobre ella. (Por supuesto, usted comprende que todos estamos aprendiendo en estas áreas.) Hay otras cosas acerca de la prosperidad que yo necesitaba saber y andar en ella antes de poder compartirlas con usted.

Años atrás, Dios dijo que El quería que yo escribiera un libro y compartiera lo que Kenneth y yo hemos aprendido acerca del vivir por fe—actualmente siendo sostenidos por nuestra fe en cada área de nuestra vida. El quería que yo sencillamente compartiera con usted lo que El me había enseñado respecto a Su voluntad en el nuevo nacimiento, el Espíritu Santo, la Palabra de Dios, la sanidad, el amor, y la prosperidad—un manual de vida cristiana. Y si usted no ha leído *La Voluntad de Dios para Usted*, yo sugiero que lo haga porque en realidad, esa es la fundación para este libro. Usted puede decir que este es el último capítulo.

La fe comienza cuando la voluntad de Dios es conocida. No se preocupe si usted ha tratado y fallado en creer por la prosperidad. A través de la Palabra de Dios, usted llega a establecerse y estar confiado de que es verdaderamente la voluntad de Dios para usted el prosperar. *La fe viene por el oír, y el oír de la Palabra de Dios* (Romanos 10:17). Al usted estudiar, meditar, y recibir las Escrituras respecto a la voluntad de Dios para usted y su prosperidad, la fe se va a levantar dentro de usted. Sea receptivo y acepte la Palabra de Dios en su valor neto. Dios no miente ni le engaña. El quiere decir exactamente lo que El dice. El no *desea* una cosa y *dice* otra. La Palabra de Dios es Su voluntad.

Este libro no cubre el mismo material que cubrió el libro de Kenneth, *Las Leyes de la Prosperidad*. Estoy asumiendo, por ejemplo, que usted ya está dando su diezmo y operando en los fundamentos básicos del sistema de prosperidad de Dios. Si usted no ha estudiado *Las Leyes de Prosperidad*, usted necesita hacerlo, porque sin revelación de conocimiento del diezmar y como alabar a Dios con su diezmo, usted no tendrá una fundación sólida sobre la cual recibir las grandes promesas financieras que Dios le está ofreciendo. El comienzo básico de la prosperidad en la Biblia es el diezmar.

La tradición enseña que la prosperidad y el cristianismo están unidos con una cuerda muy corta: Para ser espiritual, usted *debe* sufrir necesidad en el mundo material. **La Palabra de Dios revela sencillamente que la necesidad y la pobreza no están en línea con la voluntad de Dios para la obediencia.** Lea este libro con una mente y un corazón abiertos. Permita que el Espíritu Santo le ministre la verdad a su espíritu hasta que usted sepa sin lugar a dudas que la voluntad de Dios es prosperidad.

Gloria Copeland

1
La Voluntad de Dios Es Prosperidad

En el principio, Dios puso todo lo que el hombre podía necesitar y usar en el jardín. Dios cuidó que Adán no tuviera ninguna necesidad. El no carecía de ningún bien. El fue creado a la imagen de Dios mismo, y no tenía necesidad de ninguna cosa.

Dios le proveyó a Adán con compañía, habilidad, abundancia, y un reino. El le ordenó a Adán que fuera fructífero, se multiplicara, y llenara la tierra, que la dominara, y que tuviera dominio sobre cada criatura viviente. Adán era el amo del jardín, y Dios era el Amo de Adán. ¡El hombre de Dios era libre en todo aspecto! El no conocía limitaciones hasta aquel día fatal cuando él cometió alta traición en contra del Señor Dios.

Las Escrituras dicen que la mujer fue engañada, pero el hombre no lo fue (I Timoteo 2:14). Adán sabía que el participar del árbol del conocimiento del bien y del mal significaba separación de Dios. Al estar completamente consciente de las consecuencias, él cometió alta traición en contra de Dios y se hizo a sí mismo un siervo del enemigo de Dios, Satanás.

Dios dijo, *en el día que de él comieres, ciertamente morirás.* Cuando Adán participó de aquel árbol mortífero, él murió—no físicamente, sino espiritualmente. La muerte espiritual—la naturaleza de Satanás—venció sobre su

1

espíritu recto, y él comenzó a ser uno con Satanás. El pecado y la muerte le consumieron a él espiritualmente. El *nació de nuevo* de vida a muerte. ¡Oh, aquel horrible día, cuando la creación de Dios vino a estar bajo la esclavitud de la corrupción y unida a Satanás, el destructor! Adán fue separado del Padre, el cual es el Dios de amor. Por lo tanto, vivió bajo el dominio de Satanás, cuya naturaleza es la muerte espiritual. Por su propio albedrío, Adán se sometió a sí mismo y su reino a Satanás. En lugar de un señor, el hombre llegó a ser un súbdito de un amo cruel y sin misericordia. Por nacimiento natural, los hijos de Adán—toda la humanidad—nacieron bajo esta nueva naturaleza de muerte en lugar de vida, bajo la naturaleza de Satanás en lugar de la de Dios (Romanos 5:12, 17).

Cada aspecto de la vida de Adán vino a estar bajo la maldición de su nuevo dios, Satanás. El fue arrojado del jardín; la abundancia ya no fue más para él. El tuvo que trabajar y sudar para poder sobrevivir. Su hermosa vida fue henchida de cardos y espinas, ambos en el mundo físico y en el mundo espiritual. El pecado produjo enfermedades y males que le plagaron. Aun la naturaleza de su esposa cambió de la naturaleza de Dios a la naturaleza de Satanás. ¡Qué catástrofe!

La voluntad de Dios para Adán era abundancia y plenitud. No había ninguna necesidad. El señorío de Dios provee todo lo bueno. La pobreza y la necesidad vienen sólo después que Adán hubo cambiado dioses y comenzó a operar bajo el dominio de Satanás. Satanás es el autor de la pobreza. Dios es el autor de la abundancia. Mientras Adán sirvió a Dios, **todo** lo que él conoció fue abundancia. El tenía lo mejor de todo, la corona de la vida. **La voluntad de Dios fue la abundancia.** El probó eso cuando creó el Jardín de Edén. Ya que Su voluntad no cambia, la voluntad de Dios para Su gente aún hoy es la abundancia (Santiago 1:17).

La voluntad de Dios respecto a la prosperidad financiera y la abundancia está claramente revelada en las

Escrituras. Desde el comienzo de los tiempos, El ha provisto prosperidad financiera a Su gente a través de la obediencia a Su Palabra.

Es obvio que Dios deseaba que Adán viviera en abundancia, pero por la propia decisión de Adán, el señorío de Satanás envolvió al hombre en una maldición que resultó en pobreza y necesidad. El corazón de Dios anhela que Su gente sea libre, y a través de Su infinita sabiduría, El está continuamente proveyendo liberación para el hombre y libertad de la maldición de la pobreza.

La Bendición de Abraham

Era Abram de edad de noventa y nueve años, cuando le apareció Jehová y le dijo: Yo soy el Dios Todopoderoso; anda delante de Mí y sé perfecto (recto).

Y pondré Mi pacto entre Mí y tí, y te multiplicaré en gran manera.

Entonces Abram se postró sobre su rostro, y Dios habló con él, diciendo:

He aquí Mi pacto es contigo, y serás padre de muchedumbre de gentes.

Y no se llamará más tu nombre Abram, sino que será tu nombre Abraham, porque te he puesto por padre de muchedumbre de gentes.

Y te multiplicaré en gran manera, y haré naciones de tí, y reyes saldrán de tí.

Y estableceré Mi pacto entre Mí y tí, y tu descendencia después de tí en sus generaciones, por pacto perpetuo, para ser tu Dios, y El de tu descendencia después de tí.

Y te daré a tí, y a tu descendencia después de tí, la tierra en que moras, toda la tierra de Canaán en heredad perpetua; y seré el Dios de ellos.

Dijo de nuevo Dios a Abraham: En cuanto a tí, guardarás Mi pacto, tú y tu descendencia después de tí por sus generaciones (Génesis 17:1-9).

Mire otra vez al verso 7: *Y estableceré Mi pacto entre Mí y tí, y tu descendencia después de tí en sus generaciones, por pacto perpetuo, para ser tu Dios, y El de tu descendencia después de tí.* YO ESTABLECERE. La definición del diccionario de ''establecer'' es ''hacerlo permanente, firme o estable; o instalarlo firmemente sobre base permanente; fijarlo sin alteración.'' ¿Qué es lo que eso dice a usted y a mí? Dios ha establecido Su pacto con la simiente y su generación. Dios ha fijado, o establecido, Su pacto con usted y yo en nuestro día de tal manera que esta promesa no puede ser alterada. Las promesas del pacto son garantizadas por Dios. Ningún poder puede alterar el pacto de Dios con usted. El establecerá Su pacto en una forma permanente en su vida.

Yo seré su Dios. La bendición de Dios es una fuerza poderosa. Cuidó de Abraham física y materialmente, y tenía la promesa de redención espiritual. La Biblia dice que Abraham era **extremadamente** rico. *La bendición de Jehová es la que enriquece, y no añade tristeza con ella* (Proverbios 10:22). Génesis 24:1 dice, *Era Abraham ya viejo, y bien avanzado en años; y Jehová había bendecido a Abraham en todo.* Ningún enemigo podía resistirlo porque él tenía un pacto con Dios. Dios había establecido el pacto en la generación de Abraham, y nada puede alterar esa promesa de Dios, porque Abraham mantuvo el pacto y anduvo recto frente a Dios.

Dios dijo también que establecería Su pacto con la descendencia de Abraham. *Mas Yo estableceré Mi pacto con Isaac* (Génesis 17:21). ¡Dios dijo que lo haría y lo hizo! *Y se le apareció Jehová aquella noche, y le dijo: Yo soy el Dios de Abraham tu padre; no temas, porque Yo estoy contigo, y te bendeciré con bendición, y multiplicaré tu descendencia por amor de Abraham Mi siervo* (Génesis 26:24). La Biblia nos dice que Isaac *se enriqueció, y fue prosperado, y se engrandeció hasta hacerse muy poderoso, . . . y los filisteos le tuvieron envidia* (Génesis 26:13-14).

En seguida, Dios estableció la bendición de Abraham en la vida de Jacob. *Y se enriqueció el varón muchísimo, y tuvo muchas ovejas, y siervas y siervos, y camellos y asnos* (Génesis 30:43). El suegro de Jacob le engañó y le estafó por años, pero esto no pudo alterar el pacto (Génesis 31: 7-12). A pesar que Jacob cruzó el Jordan con solamente su vara, él volvió con dos compañías (Génesis 32:10). El dijo, *Porque Dios me ha hecho merced, y todo lo que hay aquí es mío* (Génesis 33:11).

José, el hijo de Jacob, fue vendido para esclavitud por sus hermanos, pero eso no detuvo que Dios estableciera Su pacto son José y su generación. *Mas Jehová estaba con José, y fue varón próspero* (aunque él era un esclavo); *y estaba en la casa de su amo el egipcio. Y vio su amo que Jehová estaba con él, y que todo lo que él hacía, Jehová lo hacía prosperar en su mano* (Génesis 39:2-3).

La bendición del pacto no puede ser detenida en la vida de un heredero de Abraham mientras él guarde el pacto—obedezca a Dios y crea que El puede cumplir el pacto en su vida. **La esclavitud no pudo alterar las bendiciones del pacto.** Esto sería equivalente a que Dios hiciera un pacto con un esclavo en el Sur Antiguo, el cual era tan próspero que su dueño quería participar de su éxito. ¡Qué pacto! Obrará bajo las más adversas circunstancias.

Más adelante, el pacto prosperó a José aun en la prisión. Dios le hizo a él hallar favor con el guardián, que le puso a él a cargo de la prisión. El Señor hizo que todo lo que José hiciera prosperara (Génesis 39:21-23).

La bendición de Dios fue establecida en la vida de José sin importar sus circunstancias. El vino a Egipto como un esclavo trece años antes. El fue promovido de la prisión a la oficina del gobernador. ¡Ese fue un salto gigantesco! Dios estableció Su pacto con la simiente de Abraham en la generación de José. El Señor hizo que José hallara favor con el Faraón, y que hiciera a José gobernador de Egipto, dándole a él completa autoridad sobre el país. *Entonces Faraón quitó su anillo de su mano, y lo puso en la mano de José, y lo hizo vestir de ropas de lino finísimo, y puso un collar de oro en su cuello; y lo hizo subir en su segundo carro, y* (los oficiales) *pregonaron delante de él: ¡Doblad la rodilla! y lo puso sobre toda la tierra de Egipto* (Génesis 41:42-43).

Gracias a Abraham, los hijos de Israel fueron librados. *Y oyó Dios el gemido de ellos, y se acordó de Su pacto con Abraham, Isaac, y Jacob* (Exodo 2:24). Dios le dijo a Moisés, *He descendido para librarlos de mano de los egipcios, y sacarlos de aquella tierra a una tierra buena y ancha, a tierra que fluye leche y miel*—una tierra de prosperidad (Exodo 3: 8). Dios mismo vino a ver que los descendientes de Abraham tuvieran eso por Su pacto con Abraham.

La forma como Dios trató a Isaac, Jacob, José, y Moisés fue resultado de la promesa que El estableció en Su pacto con Abraham, con su simiente y su generación. Debido al pecado, la ley de Moisés fue instituida para satisfacer las necesidades de la descendencia de Abraham física y materialmente hasta que el Mesías viniera respecto a la promesa que había sido hecha: El cumpliría la promesa de redención para sus espíritus.

La bendición y la maldición de la ley fueron el resultado del pacto de Dios con Abraham. La bendición incluyó *todo* lo que tenía que ver con el aspecto físico y material, y las necesidades financieras. La sanidad fue también incluida en las bendiciones. El éxito también fue incluido en las bendiciones. Y la prosperidad fue incluida en las bendiciones—abundantes bendiciones financieras. Si ellos eran obedientes al pacto, ellos andarían en la bendición de Abraham; si ellos eran desobedientes, caminarían en la maldición de la ley.

Las bendiciones de Abraham eran poderosas y totalmente inclusivas. Dios le ofreció a él todo lo que El tenía, incluyendo a Su propio Hijo, para pagar por la culpa de la traición humana (Romanos 8:32). El literalmente dio a Abraham los recursos del cielo y de la tierra. *Porque cuando Dios hizo la promesa a Abraham, no pudiendo jurar por otro mayor, juró por Sí mismo, diciendo: De cierto te bendeciré con abundancia y te multiplicaré grandemente* (Hebreos 6:13-14).

Jesús vino por lo que Dios le había prometido a Abraham. *Y nosotros también os anunciamos el Evangelio de aquella promesa hecha a nuestros padres, la cual Dios ha cumplido a los hijos de ellos, a nosotros, resucitando a Jesús* (Los Hechos 13:32-33). *Porque ciertamente (Cristo) no socorrió a los ángeles (ángeles caídos), sino que socorrió a la descendencia de Abraham* (Hebreos 2:16). Después que Jesús pagó el precio por el renacimiento del espíritu del hombre, El fue al lugar del paraíso (seno de Abraham) donde Abraham y su simiente que habían muerto estaban aún esperando por el cumplimiento espiritual de la promesa: *Yo seré su Dios* (Lucas 16:19-31; Hebreos 2: 14-16; Efesios 4:8-10).

El Nuevo Pacto, ratificado en la sangre de Jesús, fue el cumplimiento de la promesa de Dios a Abraham. Es un mejor pacto que aquel que vino a través de Moisés, y descansa sobre una mejor promesa (Hebreos 8:6). El Antiguo Pacto estaba incompleto en lo que se refiere a las necesidades del hombre. No puede cambiar el corazón del hombre; puede sólo bendecirlo física y materialmente (Gálatas 3:21).

Cristo nos redimió de la maldición de la ley, hecho por nosotros maldición . . . para que en Cristo Jesús la bendición de Abraham alcanzase a los gentiles, a fin de que por la fe recibiésemos la promesa del Espíritu. . . . Pues, todos sois hijos de Dios por la fe en Cristo Jesús . . . y si vosotros sois de Cristo, ciertamente linaje de Abraham sois, y herederos según la promesa (Gálatas 3:13-14, 26, 29).

Jesús nos redimió de la maldición de la ley. El pagó el castigo por el pecado del hombre para que la bendición de Abraham pudiera venir a nosotros a través de Jesús. Nosotros, a través de la fe, recibimos la promesa que Dios hizo a Abraham. **Jesús lo hizo posible para que usted y yo recibiéramos la bendición de Abraham—la promesa de Dios a él.** A través de Jesús, llegamos a ser hijos de Dios. Nosotros los creyentes no judíos cumplimos lo que dice, "Te haré padre de muchas naciones." A través del sacrificio de Jesús, Abraham llegó a ser padre de creyentes de cada nacionalidad. *En aquel tiempo estabais sin Cristo, alejados de la ciudadanía de Israel y ajenos a los pactos de la promesa, sin esperanza y sin Dios en el mundo. Pero ahora en Cristo Jesús, vosotros que en otro tiempo estabais lejos, habéis sido hechos cercanos por la sangre de Cristo* (Efesios 2:12-13). Sin Jesús, no teníamos promesa ni bendición ni pacto ni redención, ¡pero gloria a Dios, no estamos sin Él!

Y si vosotros sois de Cristo, ciertamente linaje de Abraham sois, y herederos según la promesa (Gálatas 3:29). Somos herederos según la promesa—herederos ciertamente como si fuéramos descendientes naturales de Abraham por nacimiento.

Y estableceré Mi pacto entre Mí y tí, y tu descendencia después de tí en sus generaciones, por pacto perpetuo, para ser tu Dios, y El de tu descendencia después de tí (Génesis 17:7). YO ESTABLECERE. Hemos visto lo que la bendición de Abraham produjo en las vidas de Abraham, Isaac, Jacob, y José. La simiente de Abraham fue tan bendecida como fue Abraham. Estos hombres eran poderosamente ricos. "Sobreabundantemente" es la palabra más grande que tenemos, pero realmente no expresa la totalidad de su riqueza. Ellos vivieron hasta la avanzada ancianidad, y Dios satisfizo sus días (Génesis 25:8, 35:29). Todo lo que ellos hicieron fue prosperado. El pacto de la promesa no pudo ser detenido en sus vidas mientras ellos anduvieron rectamente frente a Dios.

Si vosotros sois de Cristo, ciertamente linaje de Abraham sois, y herederos. . . . Estableceré Mi pacto entre Mí y tí, y tu descendencia después de tí en sus generaciones. ¡Dios le prometió a Abraham que establecería Su pacto con usted y conmigo en nuestra generación! Tenemos la promesa de Dios tan ciertamente como la tuvo Isaac. Ambos somos simiente y herederos. Por Su promesa, **Dios le multiplicará sobreabundantemente, y le hará a**

usted sobreabundantemente fructífero. Dios se ha obligado a Sí mismo a bendecirle como bendijo a Abraham. La promesa para usted es que Dios establecerá Su pacto con usted en su generación. El le ha dado a usted Su Palabra que le prosperará de la misma manera que prosperó a Abraham. No nos hemos dado cuenta de lo grande que era la herencia que Jesús proveyó para nosotros. Es casi increíble, pero somos creyentes, y podemos recibir esta promesa por fe. **Crea que Dios establecerá Su pacto con usted en su generación.**

Cuídate de no decir . . . en tu corazón: Mi poder y la fuerza de mi mano me han traído esta riqueza. Sino acuérdate de Jehová tu Dios, porque El te da el poder para hacer las riquezas, a fin de confirmar Su pacto que juró a tus padres, como en este día (Deuteronomio 8:17-18).

Esta Escritura revela algunos hechos importantes:

1. Dios les ha dado a los hombres del pacto el poder de hacer riquezas.

2. La prosperidad, incluso la riqueza, es necesaria para establecer el pacto.

3. Para que Dios pueda cumplir lo que le había prometido a Abraham, El debe ser permitido prosperar a los descendientes de Abraham *hasta este día*—como que hoy es el día en el cual El hizo la promesa.

El pacto de Dios es un pacto de prosperidad. Su pacto causa que la prosperidad sea manifiesta en la tierra. Salmo 35:27 dice que Dios se alegra en la prosperidad de Sus hombres. El no puede establecer Su pacto en su vida sin prosperarle. El hombre que se apega a la pobreza rechaza el establecimiento del pacto. El hombre que se sujeta al pacto rechaza la pobreza. La fe en el pacto agrada a Dios. Sin fe, es imposible agradar a El.

La voluntad de Dios es establecer Su pacto de prosperidad en su vida y hacerlo hoy. "En este día" significa como que El hizo el pacto con usted este día—¡hoy!

El pacto no puede ser establecido en su vida a menos que **usted** crea la Palabra de Dios respecto a la prosperidad. Que no haya ninguna duda acerca de la voluntad de Dios. **La voluntad de Dios es establecer Su pacto en la tierra.** La prosperidad es un requisito primordial en el establecimiento de la voluntad de Dios.

Dios dijo, *Estableceré Mi pacto*. Dios no quiere una cosa y promete otra. El no miente ni engaña. La voluntad de Dios es establecer Su pacto en la tierra.

Estas son las palabras del pacto que Jehová mandó a Moisés que celebrase. . . . Guardaréis, pues, las palabras de este pacto, y las pondréis por obra, para que prosperéis en todo lo que hiciereis (Deuteronomio 29:1, 9). Aun bajo el Antiguo Pacto, la liberación física y la prosperidad no fueron problema para Dios, para que éstas ocurrieran en la tierra. El cumplió completamente esta parte de la bendición bajo el Antiguo Pacto antes que Jesús hiciera el sacrificio supremo. Los descendientes de Abraham que guardaron los mandamientos de Dios no fueron solamente prósperos—fueron *sobreabundantemente prósperos.* ¡No fue ningún desafío al poder de Dios! Piense usted cuán fácil sería que operara la ley de prosperidad bajo el Nuevo Pacto. ¡Tenemos todas las bendiciones del Antiguo, más el poder del Nuevo! Hemos nacido de nuevo con la naturaleza de Dios. Somos un espíritu con el Señor. El Todopoderoso vive en nosotros. Jesús ha recobrado la autoridad que Adán perdió por la traición. Somos la simiente de Abraham en esta generación y ya gozamos la promesa de la libertad espiritual. Nuestro enemigo, Satanás, ha sido derrotado y puesto bajo nuestros pies.

Hemos estado viviendo por debajo de nuestros derechos del pacto como herederos de la promesa. *¡Yo soy un heredero—un heredero de las promesas de Abraham!* El mundo piensa que llegar a ser un heredero de la fortuna de Rockefeller sería sensacional. Déjeme decirle algo, ¡Rockefeller no hubiera podido comprar a Abraham!

El ser heredero de una gran propiedad parece ser maravilloso—¡especialmente a aquellos que no conocemos a ningún pariente rico! Porque la riqueza no ganada y sencillamente entregada a usted sin ninguna responsabilidad de su parte suena como un sueño que se convierte en realidad. Un heredero no tiene que trabajar para su herencia; él sólo lo recibe. Otra persona tuvo que trabajar para juntarla, y los herederos reciben el premio de la vida de esa otra persona.

Y si vosotros sois de Cristo, ciertamente linaje de Abraham sois, y herederos según la promesa. ¡Usted es un heredero! Su herencia no es una cierta suma de dinero limitada o alguna propiedad—su herencia es Dios. Usted ha heredado el recurso del poder y la habilidad de Dios de respaldarlo y establecer su éxito en la tierra. **El ha garantizado establecer Su bendición con usted en esta generación.** Las Escrituras prueban que Dios hará cualquiera cosa para establecer Su pacto con Abraham y sus descendientes. Dios no se reservó ni siquiera Su propio Hijo para establecer Su pacto con Abraham y su simiente (Romanos 8:32). Dios es aún Dios. El no ha cambiado ni Su pacto ni Su integridad. Ni Su poder se ha disminuido. El es el mismo Dios que guarda Su Palabra en nuestra generación. *No olvidaré Mi pacto, ni mudaré lo que ha salido de Mis labios* (Salmo 89:34).

Si usted cree en Jesucristo, usted es de la descendencia de Abraham. El pacto de Abraham es eterno. Dios establecerá Su pacto con usted ahora en esta generación tan ciertamente como lo hizo con Abraham, Isaac, y Jacob. El le ha dado a Jesús. Usted ha recibido aquella redención de su espíritu, por tanto tiempo esperada, y ahora usted recibe su herencia completa al tener todas sus necesidades satisfechas por el poder de Dios— espíritu, alma, y cuerpo, financiera y socialmente. ¡Usted es un heredero!

No sea como aquella niñita cuyo abuelo extendió su mano hacia ella con una moneda de cinco centavos, una moneda de veinticinco centavos, una moneda de cincuenta centavos, y un dólar. Ella sólo tomó los cinco centavos. Ella podía haber tomado el dólar. *¡Ella podía haber tomado todo!* El se las estaba ofreciendo a ella.

¡El cuerpo de Cristo ha tomado los cinco centavos cuando ellos podían haber tomado todo lo que se les estaba ofreciendo! Nos hemos puesto límites sobre nosotros mismos. Cuando la Iglesia recibió la redención espiritual, dejó ir el resto de la promesa de Abraham. La prosperidad y la salud llegaron a ser una realidad perdida. La Iglesia tomó las bendiciones espirituales y dejó las porciones de la prosperidad y la sanidad. Es cierto que la redención espiritual es una bendición mayor que la prosperidad o que la sanidad, pero Dios no nos dijo que eligiéramos. Dios extendió Su mano con Su pacto—lleno de bendiciones—tal como el abuelo extendió su mano. El ofreció el nuevo nacimiento, la prosperidad, y la sanidad. La Iglesia tomó el nuevo nacimiento y se olvidó de la prosperidad y de la sanidad.

¡Gloria a Dios, El aún está ofreciéndonos la promesa de Abraham—todo! Y nunca la ha alterado. ¡Todo lo que tenemos que hacer es tomarla!

Como Abraham Recibió

"¿Qué dice la Escritura? Creyó (confió) Abraham a Dios, y le fue contado por justicia. . . . Porque la promesa a Abraham o a su posteridad para que heredara el mundo no vino a través de . . . la ley, sino a través de la justicia de la fe. . . .Por lo tanto, (heredando) la promesa es el resultado de la fe y depende (enteramente) en la fe, para que pueda ser como un acto de gracia (favor no merecido), para hacerla estable y válida y garantizada a todos sus descendientes; no solamente a los devotos y adherentes de la ley, sino a todos los que comparten la fe de Abraham, el cual es padre de todos nosotros. Como está escrito: Yo te he hecho padre de muchas naciones. El fue hecho nuestro padre—a la vista de Dios en quien él creyó, quien da vida a los muertos y habla de cosas no existentes (las cuales El había profetizado y prometido) como si (ya) existían.

''(Por lo tanto) Abraham esperó por fe que él llegaría a ser padre de muchas naciones como le había sido ofrecido, y así sería su descendencia (incontable). El no se debilitó en su fe cuando consideró la (total) impotencia de su cuerpo, el cual estaba casi muerto porque él tenía casi cien años de edad, o (consideró) la esterilidad del vientre de Sara. Ninguna incredulidad ni desconfianza le hizo a él dudar o fluctuar concerniente a la promesa de Dios, pero él se mantuvo firme y fue robustecido por esta fe, y él dio gloria y gracias a Dios, completamente satisfecho de asegurar que Dios era capaz y podía cumplir Su Palabra de hacer lo que había prometido. Es por eso que esta fe le fue contada a él por justicia (justicia frente a Dios). Pero (esas palabras) le fueron contadas a él y no fueron solamente para él, sino fueron escritas para nosotros también. (La justicia, siendo aceptable a Dios) será otorgada y acreditada a todos aquellos que creemos (confíamos, nos adherimos, y descansamos en) Dios, el cual levantó a Jesús nuestro Señor de los muertos, el cual fue traicionado y puesto a muerte por nuestras maldades, y fue levantado para asegurarse de nuestra justificación'' (Romanos 4:3, 13, 16-25, *La Biblia Amplificada*).

¿Cómo recibió Abraham? CREYENDO LO QUE DIOS DIJO. La promesa no vino a Abraham porque hizo lo que él hizo, sino que como un favor no merecido de Dios. Se nos dice la Escritura que la promesa para heredar el mundo dependía enteramente en la fe—creyendo lo que Dios había dicho. La promesa pertenecía a Abraham, pero él tenía que recibirla por fe. El tenía que confiar (creer) que Dios podía y era capaz de mantener Su Palabra y hacer lo que había prometido.

Abraham creyó lo que Dios le había dicho, aun cuando parecía imposible. El no consideró su cuerpo o la esterilidad del vientre de Sara. El consideró lo que Dios le había dicho más poderoso que lo que vio y sintió. **La fe de Abraham permitió a Dios establecer la promesa en su vida.** La simiente de Abraham que no confiaron en el pacto no anduvieron en las bendiciones de la promesa de Dios. La promesa fue fiel, aun cuando los hijos de Israel pasaron 400 años como esclavos. Ellos no dependieron de la promesa, por lo que no podían gozar las bendiciones. La fe del hombre es necesaria para que Dios pueda establecer Su Palabra en la tierra. Si la simiente compartirá la promesa de Abraham, la simiente debe también compartir la fe de Abraham.

Su fe—creer la Palabra de Dios en lugar de lo que usted ve—permitirá que Dios establezca la promesa de Abraham en su vida. Ninguna incredulidad hizo que Abraham fluctuara respecto a la promesa de Dios, pero él estaba confiado que Dios estaba dispuesto y era capaz de hacer lo que El había prometido.

Abraham sabía que era la voluntad de Dios para él heredar el mundo y para él ser multiplicado sobreabundantemente. ¿Por qué? Porque Dios se lo dijo. Usted está en la misma posición hoy. Dios le está hablando a usted en Su Palabra acerca de su prosperidad. El está hablando a usted en Su Palabra acerca de su herencia. El está hablando a usted en Su Palabra acerca de ser un DIOS para usted en cada área de su vida. La voluntad de Dios es bendecirle sobreabundantemente—más allá de cualquier supuesto límite—espiritual, física, mental, financiera, y socialmente.

Dios opera por promesas. El da Su Palabra para bendecir a un hombre, y esa promesa (la Palabra) tiene que ser creída y confiada. Le llamamos "fe." *Yo creo la promesa de Dios. Guardo Su pacto. Espero que ésta opere en mi vida tal como fue prometida a Abraham.*

La Voluntad de Dios Es Prosperidad

Para que Dios establezca Su pacto (Su voluntad) en su vida, **usted** debe creer lo que El le dice a **usted** en Su Palabra. *Dijo de nuevo Dios a Abraham: En cuanto a tí, guardarás Mi pacto, tú y tu descendencia después de tí por sus generaciones.*

¡LA VOLUNTAD DE DIOS ES PROSPERIDAD!

2
Prioridades

No os hagáis tesoros en la tierra, donde la polilla y el orín corrompen, y donde ladrones minan y hurtan; sino haceos tesoros en el cielo, donde ni la polilla ni el orín corrompen, y donde ladrones no minan ni hurtan. Porque donde esté vuestro tesoro, allí estará también vuestro corazón. La lámpara del cuerpo es el ojo; así que, si tu ojo es bueno, todo tu cuerpo estará lleno de luz; pero si tu ojo es maligno, todo tu cuerpo estará en tinieblas. Así que, si la luz que en tí hay es tinieblas, ¿cuántas no serán las mismas tinieblas?

Ninguno puede servir a dos señores; porque o aborrecerá al uno y amará al otro, o estimará al uno y menospreciará al otro. No podéis servir a Dios y a las riquezas (esto quiere decir riquezas engañosas, dinero, posesiones, o algo en lo cual se confía).

Por tanto os digo: No os afanéis por vuestra vida, qué habéis de comer o qué habéis de beber; ni por vuestro cuerpo, qué habéis de vestir. ¿No es la vida más que el alimento, y el cuerpo más que el vestido? Mirad las aves del cielo, que no siembran, ni siegan, ni recogen en graneros; y vuestro Padre celestial las alimenta. ¿No valéis vosotros mucho más que ellas?

¿Y quién de vosotros podrá, por mucho que se afane, añadir a su estatura un codo? Y por el vestido, ¿por qué os afanáis? Considerad los lirios del campo, cómo crecen: no trabajan ni hilan; pero os digo, que ni aun Salomón con toda su gloria se vistió así como uno de ellos. Y si la hierba del campo que hoy es, y mañana se echa en el horno, Dios la viste así, ¿no hará mucho más a vosotros, hombres de poca fe?

No os afanéis, pues, diciendo: ¿Qué comeremos, o qué beberemos, o qué vestiremos? Porque los gentiles buscan (y ansian y se apresuran a buscar) todas estas cosas; pero vuestro Padre celestial sabe que tenéis necesidad de todas estas cosas. Mas buscad (procurad) *primeramente el reino de Dios y Su justicia* (Su forma de hacer las cosas y Su rectitud), *y todas estas cosas os serán añadidas* (Mateo 6:19-33, *Biblia Amplificada*).

En estas Escrituras, Jesús les está enseñando a Sus discípulos. El tema es como manejar las cosas materiales, tales como tesoro, riquezas, posesiones, comida, bebida, y ropas. Este amplio espectro de cosas comienza con las necesidades básicas y se extiende a la abundancia de posesiones. Estudiemos estas Escrituras y veamos lo que podemos aprender de ellas.

Es obvio a través de la Biblia que Dios no Se opone a que un hombre tenga dinero. El pacto que Dios hizo con los hombres fue hecho con los hombres más ricos de su tiempo. Ellos eran hombres de Dios y El se agradó de ellos. Su actitud acerca de Dios y Su Palabra les permitió establecer Su pacto con ellos en su generación. Dios es Aquel que les dio el poder para obtener la riqueza. *Cuídate de no decir . . . en tu corazón: Mi poder y la fuerza de mi mano me han traído esta riqueza. Sino acuérdate de Jehová tu Dios, porque El te da el poder para hacer las riquezas, a fin de confirmar Su pacto que juró a tus padres, como en este día* (Deuteronomio 8:17-18). No, Dios no está en contra de que el hombre tenga dinero; El está en contra que el dinero tenga al hombre. El no Se opone a que Su gente sea rica, pero sí Se opone a que ellos sean codiciosos.

Jesús dijo que no acumuláramos ni amontonáramos ni guardáramos riquezas aquí en la tierra. *Y les dijo: Mirad, y guardaos de toda avaricia; porque la vida del hombre no consiste en la abundancia de los bienes que posee* (Lucas 12:15). En Lucas 12:21, El habla acerca del hombre que continúa acumulando posiciones para sí mismo y no es rico en lo que respecta a Dios. El acaparar no es de Dios. Evidentemente, el hombre no se estaba acordando que fue Dios

El que le había dado el poder de obtener la riqueza. (Su afecto no debe estar en su prosperidad, negocios, bienes, tesoros, o intereses.) Jesús dijo que este hombre rico tenía tierra tan fértil que produjo tanto que él tenía problemas. Era un dilema. *Todos* sus graneros estaban llenos, y él no tenía más espacio adonde guardar una buena cosecha; por lo que él decidió de derrumbar sus graneros y construir otros mayores. Y luego él dijo, "Ahora tengo bienes acumulados para muchos años. Ahora yo puedo vivir de la forma que quiero." (¿Dónde estaba su confianza? En las cosas que él había acumulado, las cosas que él había acaparado.)

Pero Dios le dijo: Necio, esta noche vienen a pedirte tu alma; y lo que has provisto, ¿de quién será? Así es él que hace para sí tesoro, y no es rico para con Dios (Lucas 12:20-21). La confianza en las riquezas durará tanto como las riquezas duren. El dinero es limitado en lo que puede adquirir, ¡y puede abandonarle muy rápidamente! La prosperidad de Dios alcanza todo aspecto de la vida del hombre.

La definición de Kenneth Copeland acerca de la "verdadera prosperidad" es "la habilidad de usar el poder de Dios para solucionar las necesidades de la humanidad." Si un hombre necesita sanidad, el dinero no le ayudará. Si su cuerpo está sano pero no tiene dinero para pagar la renta, la sanidad divina no va a cubrir su necesidad. Dios es tan generoso con nosotros que desea que Sus hijos tengan lo mejor de la vida en la tierra, tal como usted desea lo mejor para sus hijos. El plan de Dios para nosotros es tener *todas* nuestras necesidades satisfechas de acuerdo a Sus riquezas en gloria por Cristo Jesús. La verdadera prosperidad es tener cada necesidad satisfecha.

Las leyes de prosperidad de Dios llevan con ellas una protección intrínseca. Para que estas leyes de prosperidad operen en su vida, usted debe estar espiritualmente listo para prosperar. A través de la Biblia, la gente prosperó mientras obedecía Su Palabra. Pero cuando ellos fueron desobedientes, Sus leyes de prosperidad no obraron para ellos. Ellos eran aún Su gente, pero Sus poderosas bendiciones no fueron manifestadas en sus vidas. *Guardaréis, pues, las palabras de este pacto, y las pondréis por obra, para que prosperéis en todo lo que hiciereis* (Deuteronomio 29:9). Dios no cambia. Las leyes de prosperidad obrarán en la vida de cada persona que es obediente a Su Palabra.

Usted no prosperará creyendo solamente la parte de la Palabra de Dios respecto a las bendiciones materiales. Si sus motivos son ser próspero sin servir a Dios, mejor que usted lea otro libro. La prosperidad de Dios obrará solamente en la vida del creyente que está dedicado a la Palabra porque ama a Dios, y no por las riquezas materiales.

SU PRIMERA PRIORIDAD DEBE SER AGRADAR A DIOS. Porque donde esté su tesoro, allí estará su corazón. Si su tesoro es Jesús el Señor, y la Palabra de Dios es como una lámpara a sus pies, entonces usted es un candidato para las bendiciones materiales de Dios.

En el sexto capítulo de Mateo, Jesús explica el dicho, "El ojo es la lámpara del cuerpo." Sí, El aún está enseñando acerca de tesoros, posesiones, y bienes materiales. Usted debe comenzar con su prioridades en el lugar correcto, porque luego cuando usted comienza a gozar prosperidad material, usted debe asegurarse de mantener sus prioridades en línea.

El ojo es la lámpara del cuerpo. Si su ojo es bueno, todo su cuerpo es bueno. Mire a Proverbios 4:20-22: *Hijo mío, está atento a Mis Palabras; inclina tu oído a Mis razones. No se aparten de tus ojos; guárdalas en medio de tu corazón; porque son vida a los que las hallan, y medicina a su cuerpo.* Salomón, el hombre más sabio y más rico de todos los tiempos, dio instrucciones en Proverbios 7:2: *Guarda Mis mandamientos y vivirás, y Mi ley como las niñas de tus ojos.* La niña, o pupila, es el centro de su ojo. El ojo bueno permanece en la Palabra de Dios. Así es como usted se mantiene bien, aunque sea materialmente prosperado. Usted debe mantener sus ojos en la Palabra de Dios—y no en el dinero ni en las posesiones. Jesús explica por que en Mateo 6:24: Usted no puede servir a dos señores. Usted no puede servir a Dios y a mamón. Si usted pone sus ojos, o presta atención, a las riquezas y posesiones materiales, usted comenzará a servirlas en lugar de que ellas le sirvan a usted. Usted debe mantener sus ojos (su atención) en la Palabra de Dios y servirle a El. Usted no puede mantener sus ojos en ambos lugares. Usted no puede servir a dos señores; Jesús lo dijo. Usted estará dedicado a uno y en contra del otro. Por lo que la línea demarcatoria ya está trazada y no hay término medio.

Si, pues, habéis resucitado con Cristo, buscad las cosas de arriba, donde está Cristo sentado a la diestra de Dios. Poned la mira en las cosas de arriba, no en las de la tierra (Colosenses 3:1-2). ¡Se nos instruye que busquemos aquellas cosas que son de arriba! *Poned la mira.* **Usted** debe poner su mente en las cosas de arriba y rehusar de permitir que el dinero o las posesiones controlen su manera de pensar y sus acciones. Usted pone su mira en Dios, y no las riquezas.

Marcos 4:18-19 revela por que es imperativo que pongamos nuestra mira en las cosas de Dios en lugar de las cosas de la tierra. *Estos son los que fueron sembrados entre espinos: los que oyen la Palabra, pero los afanes de este siglo y el engaño de las riquezas y las codicias de otras cosas entran y ahogan la Palabra, y se hace infructuosa.*

Si su afecto está en obtener riquezas en lugar de Dios, la Palabra es infructuosa en su vida. La ambición ahoga la Palabra. La Palabra no puede dar fruto en el hombre que tiene sus afectos puestos en las cosas de la tierra. El hombre de fe de éxito pone su mente y su mira en la Palabra de Dios. Usted no puede servir a Dios y a mamón. Usted servirá al uno o al otro. Jesús dijo, *Cuidado con la avaricia.* Es una herramienta de Satanás para hacer que la Palabra de Dios sea impotente en su vida. Rehuse de permitir que sus afectos sean sobre sus posesiones, negocios, tesoros, o propiedades. Demande que sus afectos sean puestos en la Palaba de Dios. Haga una decisión irrevocable de servir la Palabra de Dios y de darle primer lugar en su vida. Ponga su mira en las cosas de arriba. Su vida espiritual quedará intacta y todas las otras cosas le serán añadidas para su regocijo. Las posesiones que son añadidas para usted le servirán a usted en lugar de usted servirles a ellos.

La decisión es suya sobre a quién usted va a servir. O usted va a confiar en mamón (riquezas engañosas, dinero, posesiones), o va a confiar en Dios. Si usted confía en mamón, cuando usted es instruido de Dios a dar una gran cantidad de dinero a Su obra, usted dará una pequeña cantidad en cambio, diciendo, "Me gustaría dar más, pero está todo ya comprometido." Usted está sirviendo las riquezas. Es allí adonde ha puesto su fe.

Pero si su ojo es bueno y está basado en la Palabra de Dios y El le instruye que dé, usted dirá, "Sabes que mi dinero está atado, pero de acuerdo a Tus instrucciones, gloria a Dios, yo lo voy a desatar." El hombre cuyo ojo es bueno y está basado en la Palabra de Dios sabe que cuando él da, le va a ser dado a él—no sólo la cantidad que él dio, sino que buena medida, apretada, remecida, y rebozando (Lucas 6:38). El no está acaparando; está listo a distribuir lo que Dios le dice. El no está confiando en sus riquezas; tiene confianza en la habilidad de Dios de vencer. El dinero es su sirviente. El no sirve al dinero; sirve a Dios. Este es un hombre, el cual es rico para Dios.

Confianza

En Mateo 6:25, Jesús dice que debemos tener una actitud de confianza y fe respecto a las cosas materiales. El dice que DEJEMOS de estar ansiosos y preocupados acerca de las cosas (la comida, vestido, o posesiones materiales). No trate de evaluar como Dios va a satisfacer sus necesidades. Sea como los pájaros del aire y sepa que su Padre celestial le cuida. DEJE de preocuparse. No busque por las cosas materiales como los no creyentes hacen. ¿Por qué?

Porque tenemos un Padre. Tenemos un pacto con Dios. Su padre, Satanás, no cuida de ellos. Pero nuestro Padre sabe de lo que tenemos necesidad, y El se alegra en proveer para nosotros (Salmo 35:27). ¡Qué bendición!

Jesús no sólo nos dice qué es lo que no debemos buscar, sino va más allá diciéndonos lo que debemos buscar. No debemos estar ociosos. Hay algo que debemos estar haciendo: BUSCAD PRIMERAMENTE EL REINO DE DIOS Y SU JUSTICIA. ¿Cómo hacemos esto? Por la Palabra de Dios. *Dándole a la Palabra el primer lugar en nuestras vidas.* Dedíquese a obedecer todo lo que usted ve en la Palabra.

Kenneth y yo hicimos esta dedicación años atrás cuando recién comenzamos a descubrir como funciona la fe. Nos pusimos de acuerdo que haríamos todo lo que viéramos en la Palabra de Dios. Sin aun darnos cuenta, nos habíamos puesto en una posición de recibir grandes bendiciones financieras. Nuestro deseo era de agradar a Dios: y estábamos entregados a Su Palabra. No sabíamos cómo creer en Dios para nuestras cosas materiales. Ni siquiera sabíamos que las instrucciones de la Palabra de Dios **siempre funcionarán para nuestro beneficio**-aun en esta vida. Pero aunque hubiésemos sabido que *nunca* prosperíamos financieramente, aún así hubiésemos actuado de la misma manera.

Cuando recién aprendimos que Dios puede satisfacer nuestras necesidades, estábamos viviendo en Tulsa, Oklahoma, donde Kenneth estaba asistiendo a la Universidad de Oral Roberts. Deseábamos agradar a Dios con todo nuestros corazones, y nos habíamos movido con la poca fe que teníamos.

Financieramente, los tiempos eran difíciles. ¡Yo verdaderamente pienso que estábamos *sobrenaturalmente* en deuda! No importa cuánto tratábamos, no lográbamos salir de nuestras deudas, sino que parecía que nos hundíamos más y más profundo. Verdaderamente, el dinero prestado era nuestra fuente. Después que pagábamos las deudas, no quedaba dinero para nada más. Las obligaciones atrasadas se quedaban impagas, hasta hubo una amenaza de juicio. Me acuerdo un día parada en la línea de salida del almacén, orando en el espíritu y creyendo en Dios que tendría suficiente dinero para pagar por la comida que tenía en mi canasta. ¡Todo lo que tenía en mi cartera era todo lo que teníamos!

No sabíamos, entonces, lo que sabemos ahora acerca de operar en las leyes de la prosperidad. Estábamos recién comenzando a aprender acerca de la integridad de la Palabra: que usted puede depender en la Palabra de Dios de la misma manera como usted depende en la palabra de un doctor, un abogado, o su mejor amigo. Sabemos que la Palabra de Dios nunca falla, y nos habíamos dedicado a hacer todo lo que veíamos en la Palabra, no importa lo que esto fuera.

Entonces vimos Romanos 13:8: *No debáis a nadie nada, sino el amaros unos a otros. . . .* ¡Ciertamente no es eso lo que Dios quería decir! Esa Escritura quería decir algo diferente. Otra traducción dice, ''MANTENTE FUERA DE DEUDAS, Y NO LE DEBAS A NADIE NADA. . . .''

De la misma manera como Satanás le dijo a Eva en el jardín, pensamos, ''¿Será realmente eso lo que Dios quiso decir, que no le debamos a nadie nada? *Debe haber alguna otra explicación.*'' Encontramos que habían otras explicaciones, pero no parecían verdaderas.

Algunas personas que sabían más que nosotros dijeron cosas como, ''Bueno, tú no le debes a nadie nada hasta que sea el momento de pagarlo.'' Trate de decirle eso a su banquero la próxima vez que usted pida un préstamo. "Yo realmente no debo los $8,000 que aparecen cargados en contra de mi auto, porque ya hice mi pago de este mes."

Queríamos estar convencidos. Parecía imposible hacer nada sin pedir dinero prestado. Nunca se nos había ocurrido pagar al contado por un auto. Nunca habíamos comprado muebles. ¿Cómo podríamos tener algo? La posesión material que yo quería más en el mundo era un hogar. ¿Pero pagar contado por una casa? Usted debe estar bromeando. Satanás decía, "Nunca la obtendrás." No sabíamos que actualmente podíamos recibir todas estas cosas de acuerdo a nuestra fe. En lo que a nosotros respecta, nunca hubiésemos podido tener las cosas más finas de la vida.

Sí, teníamos una decisión, pero no era muy buena según pensábamos. Habíamos dicho, "Vamos a tomar la Palabra de Dios literalmente en todo lo que veamos, y eso es lo que haremos." Pero cuando hicimos esa declaración, no sabíamos que decía allí, "MANTENGASE FUERA DE DEUDAS." La otra decisión era continuar operando de la misma manera que siempre habíamos hecho y dar una excusa para Romanos 3:8. *Ese verso no quiere decir lo que dice. El poder vivir bien sin pedir dinero prestado es imposible.* (Note la palabra "bien." Usted sabe que puede vivir, ¡pero es el "vivir bien" el que hiere la carne!)

¡Gloria a Dios! Habíamos puesto nuestra mirada en la Palabra de Dios. Nuestra dedicación a obedecer la Palabra de Dios venció sobre nuestras circunstancias, la gente, y Satanás. Hicimos la decisión de aceptar a Romanos 13:8 por lo que dice. Dejamos de usar nuestras tarjetas de crédito y comenzamos a creer en Dios para salir de deuda. En lo que a nosotros respecta, tal vez nunca lograríamos tener nada más de lo que teníamos entonces (y créame usted, no era mucho). Todo lo que hasta esa fecha habíamos comprado era "compre ahora, pague después." ¡A veces era mucho después de lo que ellos esperaban!

Yo no creo que hay nadie que puede haber empezado más abajo de lo que nosotros hicimos, especialmente considerando que no teníamos una entrada permanente; pero habíamos determinado andar de acuerdo a lo que vimos en la Palabra de Dios. Nuestra mira había sido fijada. Las cosas eran un tanto lentas en el comienzo, pero sabíamos que había un camino, y estábamos determinados a encontrar ese camino y andar en el. Bajo ciertas circunstancias, usted puede aprender muy rápidamente, y nosotros nos habíamos decidido ir por un solo camino—el camino de Dios. Las cosas no nos llegaron a nosotros en un día. Tuvimos que crecer en la Palabra de Dios en nuestros espíritus y caminar en lo que sabíamos. Tomábamos un poco de la Palabra en nosotros, y caminábamos en ello, y tomábamos un poco más de la Palabra y caminábamos en ello, y tomábamos un poco más de la Palabra, y caminábamos en ello.

Estábamos involucrados con la Palabra casi todas las horas del día. La televisión no nos interesaba. No hubiésemos podido decirles qué películas son las que se estaban mostrando. Aun las noticias del mundo no nos interesaban. Literalmente noche y día, estábamos dedicados a la Palabra de Dios. No hicimos una decisión de deshacernos de la televisión; sencillamente no teníamos tiempo para ella. Estábamos tan entusiasmados con la Palabra de Dios que no había nada más interesante que eso. Estábamos cumpliendo Josué 1:8: *Nunca se apartará de tu boca este libro de la ley, sino que de día y de noche meditarás en él, para que guardes y hagas conforme a todo lo que en él está escrito; porque entonces harás prosperar tu camino, y todo te saldrá bien.*

Cuando comenzamos a creer en Dios para salir de las deudas, lo hicimos sin ningún compromiso. Estábamos dedicados a la Palabra de Dios sin reservas, y no estábamos dispuestos a pedir dinero prestado. Sí, muchas veces a través de los años se nos han animado a que pidamos prestado. Sí, sabemos que mucha gente piensa que somos extremistas, y sin duda lo somos, pero la Palabra de Dios produce tanto como usted se atreve a confiarle. Hemos hecho todo lo que Dios nos ha instruido hacer para expandir nuestro ministerio. Siempre hemos tenido lo mejor que nos ha sido provisto. Hemos podido hacer todo lo que hemos querido hacer. La Palabra de Dios ha sido nuestra fuente—y no las instituciones financieras. En el comienzo, éramos fieles sobre este poco, pero al final, Dios nos ha hecho estar a cargo de mucho (Lucas 16:10). Dios nunca nos ha prestado nada; El siempre nos ha dado. Estamos convencidos que esta fue la más grande decisión que jamás hemos hecho, aparte de hacer a Jesucristo el Señor de nuestras vidas.

¡Sí! Usted puede decir que somos extremistas. Somos *extremadamente* libres. (Recuerde, Abraham era extremista; ¡él era *extremadamente* rico!) Esa decisión abrió las puertas de la libertad para nosotros. Nos dedicamos a la Palabra y la Palabra nos hizo libres.

Examine lo que hicimos a la luz de las Escrituras que estamos estudiando. Sin saber, estábamos haciendo lo correcto, poniendo lo primero al principio, fijando nuestra mirada en la Palabra de Dios. No permitimos que las posesiones o falta de ellas controlaran nuestra atención. No tratamos de servir a dos señores. Servimos solamente a la Palabra de Dios. No estábamos confiando en el dinero; estábamos confiando en la Palabra. Estábamos tan felices con la Palabra de Dios que no teníamos tiempo para estar preocupados o con ansiedad acerca de ninguna otra cosa. En resumen, ESTABAMOS BUSCANDO PRIMERAMENTE EL REINO DE DIOS Y SU JUSTICIA.

No sabíamos por experiencia que podíamos vivir una vida próspera, pero sí sabíamos Romanos 13:8. Estábamos dedicados a salir de las deudas porque vimos eso en la Palabra. Esa era nuestra única razón. No estábamos haciendo esas cosas para poder ser prósperos. Actualmente estábamos operando de acuerdo a la Escritura. Habíamos tomado el primer paso en la prosperidad de Dios, buscando primeramente Su reino, de acuerdo a Mateo 6:33, y luego todas las otras cosas fueron añadidas a nosotros. Si usted logra tomar ciertas porciones de la Escritura y vivir por ellas, usted estaría en una posición peligrosa. Usted no puede decidir de tomar las promesas de la prosperidad de la Palabra de Dios y vivir por ellas, ignorando las partes acerca de vivir una vida dedicada a Dios. Usted puede probarlo, pero no va a obrar por usted si usted no está buscando primero el reino de Dios. El ojo no es bueno. No está en la Palabra sino en las cosas materiales.

La tercera epístola de Juan 2 dice, *Amado, yo deseo que tú seas prosperado en todas las cosas, y que tengas salud, así como prospera tu alma.* En otras palabras, usted prosperará de acuerdo su alma prospere. La prosperidad bíblica no vendrá de otra manera. Las leyes de prosperidad están basadas en la obediencia a la Palabra de Dios. Este es el seguro de protección de las leyes de prosperidad.

Pasaron once meses desde aquella vez primera en la cual decidimos creer en Dios para salir de las deudas hasta que el objetivo fue logrado. Durante esos once meses, permanecimos firmes en lo que sabíamos era la Palabra de Dios. Comenzamos a aprender conocimiento-revelación de como operar en él ahora: como vivir por fe, como usar la fe, como la fe viene, y como esta obra.

Puede que su fe no se haya desarrollado a tal punto donde usted "no le deba nada a nadie excepto amarle." El estar libre de deudas y obligaciones es el deseo óptimo de Dios para nosotros, pero mucha gente no se ha desarrollado lo suficiente para permanecer en esa vía. No es nada fácil en un mundo que funciona con dinero prestado.

La sanidad divina sin ayuda externa—doctores o medicina—es otro de los deseos óptimos de Dios, pero muchos no consiguen recibirlo sólo por fe. No es pecado tomar medicina ni ir al doctor, aunque es mucho mejor no depender de ninguna de los dos. Lo mismo es verdad de pedir dinero prestado. El vivir la vida libre de deudas es posible y deseable, pero su fe tendrá que ser desarrollada a ese nivel para gozar esa bendición.

Comience a creer en Dios donde usted está. Usted sólo puede operar al nivel de su fe. Pero la fe crece al usted estudiar la Biblia y ponerla por obra.

Cuando la gente pregunta, "¿Debo operarme o debo sencillamente permanecer en la Palabra?" Mi respuesta es: "Si usted necesita preguntar, mejor será que vea al doctor."

Aliméntese en las Escrituras respecto a la prosperidad, la generosidad, y la bondad de Dios hasta que su fe esté viva y vibrante para creer en Dios por cualquiera necesidad que usted pueda tener.

3
Prosperidad Divina

La primera cosa por la que comencé a creer en Dios fue por una casa. *Pero ¿qué acerca de Romanos 13:8?* Dice que no debemos deber nada a nadie excepto de amarles. *¿Cómo puede creer en Dios para tener suficiente dinero como para comprar una casa?* Esta es un área que la mayoría de las personas piensan imposible. Muchos han hecho la siguiente declaración: "Ciertamente usted no tiene que creer para una casa sin pedir un prestamo."

Usted ciertamente no tiene que hacerlo, pero yo sé que sí funciona. Por supuesto, Satanás dijo que no había forma posible mediante la cual yo podía tener una casa sin pedir un prestamo. Pero esa es la forma como el mundo lo hace, y la forma como todos esperan hacerlo, pero yo rehuso creer a Satanás. Habíamos hecho una entrega irrevocable—no íbamos a pedir dinero prestado. El creer en Dios era la **única manera** en la cual yo tendría mi casa.

Cuando Satanás venía a mí con duda e incredulidad, este es un verso en el cual yo confié. Yo lo confesé continuamente y me dio consuelo y ayuda para permanecer en fe. II Corintios 9:8 de la *Biblia Amplificada* dice: "Y Dios es capaz de hacer que toda gracia (todo favor y bendición terrenal) venga a tí en abundancia para que tú puedas siempre, y bajo cualquier circunstancia y cualquiera que sea la necesidad, que seas autosuficiente— poseyendo lo suficiente que necesites, y tengas en abundancia para toda buena obra y donación de caridad."

31

Satanás venía a mí con pensamientos de duda y me decía, ''No hay ninguna forma en la cual tú vas a poder tener la respuesta a tus necesidades. No hay ninguna forma en la cual tú puedas comprarte una casa sin entrar en deudas. ¡Simplemente no hay una forma!'' Y yo le respondía con, ''¡No, Satanás! Mi Dios es capaz.'' Y *yo colgaba toda mi fe de aquella Escritura.*

La Palabra dice que El es capaz de lograrlo para usted. No busque en recursos naturales. No busque en su trabajo. Cuando usted está creyendo en Dios, usted tiene que buscar en Su Palabra. MANTENGA SU VISTA FIJA EN LA PALABRA. Usted tiene que darse cuenta y saber que El puede y El obrará en su favor. ¡Dios es el gran operador! ¡El es CAPAZ de lograr que las cosas sean hechas!

Por lo tanto, comenzamos a creer en Dios hace muchos años atrás por la casa que ahora tenemos. Podríamos haber obtenido dinero prestado años atrás, pero rehusamos comprometer nuestra decisión. Siempre que hay una decisión entre la forma mundana y la forma de la Palabra de Dios, siempre vamos con la Palabra. El sistema del mundo puede que sea la forma más fácil, pero rehusamos ir en la forma del mundo. A la larga, la forma de Dios no es solamente más fácil, sino mucho más superior. El ciertamente nos ha probado eso.

Comenzamos a creer en Dios por la casa perfecta cuando vivíamos en Tulsa, Oklahoma en 1968. En aquella ocasión había una señora en Fort Worth, Texas, que había comenzado a construir su casa. Ella había trazado los planes, y supervisó la compra de los materiales personalmente. Pasaron varios años antes que yo viera esa casa, pero el plano fue exactamente lo que yo necesitaba para satisfacer nuestras necesidades como una familia. Además del espacio para vivir, había un estudio en la parte de atrás de la casa—un lugar separado del área donde se vive para que pudiéramos estudiar la Palabra y escribir. Era el lugar perfecto para nosotros. **Ella comenzó a construirla al mismo tiempo que nosotros comenzamos a creer por ella.**

Dios comenzó a obrar inmediatamente. No había ninguna evidencia visible para nosotros, pero habíamos aprendido a buscar en la Palabra por la evidencia y no en las circunstancias.

Cuando nosotros vimos la casa por primera vez, íbamos camino al aeropuerto a salir de la ciudad. Realmente, de primera, yo no sabía si es que acaso era para nosotros o no. Necesitaba bastante trabajo, y no era lo que yo tenía en mente exactamente. En los próximos días, mientras yo pensaba sobre la casa, el Señor comenzó a mostrarme cosas que yo podía hacer allí. La casa había estado vacía por meses. Parecía como que nadie podría vivir allí. Los dueños estaban tratando de deshacerse de ella. Ellos la habían regalado una vez, pero les cayó de vuelta otra vez. ¡Ni siquiera podían regalarla! ¡Esa era nuestra casa!

Cuando yo creo en Dios por algo, yo no fluctúo. Yo he hecho una decisión de calidad de que la Palabra es verdad. Yo he levantado dentro de mí una confianza en la Palabra de Dios. Yo creo en Su Palabra más de lo que yo creo en lo que veo o lo que siento. Yo sé que Dios es capaz, y El lo logrará para mí. Como yo he escuchado al Hermano Kenneth Hagin decir, "Cuando usted se ha determinado a permanecer allí para siempre, no toma mucho tiempo." Así soy yo cuando estoy creyendo en Dios por algo. Yo podría permanecer allí para siempre.

Arrendamos la casa por un año. Habíamos acordado de pagar al contado al final de ese año. Nuestras necesidades siempre han sido satisfechas abundantemente. Vivíamos bien. Hacíamos lo que queríamos hacer. Pero en lo que respecta a tener tal cantidad de dinero al contado, sencillamente no lo teníamos, y nunca lo habíamos tenido. En lo natural, no había ninguna razón para esperar tenerlo, pero en el espíritu sabíamos que nuestro Dios era capaz. Cuando nos cambiamos, la casa tenía necesidad de reparación. Necesitaba ser completamente remodelada, por lo tanto yo estaba enfrentada con una decisión. Yo tenía suficiente dinero para comenzar la remodelación, porque había ahorrado algún dinero para comprar una casa cuando encontrara una. Pero yo pensé, "Esta no es nuestra casa legalmente. No sería sabio de poner miles de dólares en una casa que no nos pertenece." ¿Qué es lo que yo debería hacer? Allí en ese punto, yo tuve que actuar por fe. Yo decidí que esta era mi casa—yo había creído que la recibiría, y había puesto mi pie en ese lugar, y ahora era mía en el nombre de Jesús. Como un acto de fe, yo me puse a trabajar, llamando a gente que viniera a remodelarla. Durante aquel año, Satanás me dijo, "Bueno, eso ciertamente es un montón de dinero que vas a perder."

Pero yo le respondía, "No, en el nombre de Jesús, esta es mi casa, y estará pagada en julio. Pagaremos al contado por ella. Yo creo que tenemos el dinero en el nombre de Jesús."

Cada vez que Dios nos llamaba a hacer algo en el ministerio, siempre teníamos que creer en El por el dinero antes de poder comenzar. Porque no pedíamos dinero prestado, teníamos que esperar hasta que teníamos todo el dinero al contado. Cuando salimos al ministerio de televisión, creímos en Dios por el dinero primero, antes de comenzar la producción. En el ministerio de radio, hicimos la misma cosa. Teníamos que creer en Dios por seis meses antes que el dinero llegara a nuestras manos. Así es como habíamos operado siempre. Durante aquel año, el ministerio estaba creciendo y agrandándose. Los salarios aumentaban. Siempre habíamos tenido suficiente para cubrir el presupuesto, pero siempre andábamos ajustados. No había nunca suficiente sobra.

Pagar al contado por una casa es un desafío de fe. Habíamos dado un paso de fe en una situación que ciertamente estaba más allá de nuestra habilidad natural o nuestros medios. Estábamos confiando en la Palabra de Dios que haría y cumpliría nuestro objetivo, ¡y la Palabra vino a nuestro rescate con más revelación! Estábamos dedicados a la Palabra de Dios, y Dios estaba dedicado a nosotros. Habíamos tomado el paso de fe, y Dios vio de que tuviéramos conocimiento-revelación de Su Palabra para vencer sobre esto. Yo estoy convencida sin lugar a dudas que nuestros años de dedicación anteriormente, para estar fuera de deuda, hicieron la diferencia. Si no nos husiésemos dedicado completamente a la Palabra de Dios, entonces no hubiésemos sabido lo que sabemos ahora acerca del sistema financiero de Dios. No podríamos haber compartido con usted estas cosas, y ahora estaríamos viviendo muy por debajo de nuestros privilegios como creyentes.

Una Revelación Divina

Un día, cuando yo estaba en mi casa mirando por una ventana y pensando acerca de estas cosas, Dios me dio lo que yo llamo una revelación de *prosperidad divina*. Me di cuenta que allí había estado mirando a las finanzas y la prosperidad de una forma diferente a las otras cosas, tales como sanidad divina. Si un síntoma de enfermedad venía a mi cuerpo, yo no lo toleraba. Yo tomaba autoridad sobre esto inmediatamente, y no le permitía que permaneciera. Al hacer esto, yo caminaba en salud divina. Yo estoy convencida que la sanidad y la salud divina me pertenecen en el Nuevo Pacto.

La prosperidad divina opera exactamente de la misma manera, pero no habíamos estado usando la Palabra para creer por prosperidad divina como lo habíamos hecho por salud divina. Habíamos estado viviendo en las leyes de prosperidad por años, pero habíamos estado actuando en la prosperidad diferentemente de otras provisiones de la Palabra de Dios de esta manera: *Permitíamos que los síntomas de la necesidad vinieran sobre nosotros y permanecieran allí. Estábamos dispuestos a tolerarlos.* Cuando el Señor comenzó a tratar conmigo acerca de eso, El me hizo darme cuenta que Jesús llevó sobre El la maldición de la pobreza de la misma manera que El llevó sobre Sí mismo la maldición de la enfermedad. Yo ya sabía esto, pero vi que no había estado actuando en esto en toda su potencia. Usted puede creer para prosperidad divina de la misma manera como usted cree para sanidad divina. Ambas bendiciones ya le pertenecen a usted. Usted debe rehusar la necesidad de la misma manera y tan prontamente como rehusa la enfermedad.

Hubo una ocasión cuando nosotros sabíamos que el orar por la enfermedad era algo válido. Cuando nos enfermábamos, orábamos, y la mayoría de las veces sanábamos, sabíamos que la sanidad era para nosotros. Sabíamos que era real, por lo que creíamos en Dios por sanidad cuando nos enfermábamos. Pero cuando escuchamos a través del Hermano Kenneth Hagin que Jesús llevó nuestras enfermedades y cargó con nuestras dolencias y por Sus llagas fuimos nosotros sanados, la situación cambió nuestras vidas respecto a la sanidad. No tuvimos que esperar hasta que nos enfermáramos para creer en Dios por sanidad. Decidimos andar en sanidad divina porque ya **fuimos** sanados 2,000 años atrás cuando Jesús pagó el precio.

Yo recuerdo la noche cuando escuchamos que fuimos sanados por las llagas de Jesús. Nos dimos cuenta que no necesitamos estar enfermos ya nunca más. El mejorarse cuando usted está enfermo es grandioso, pero el permanecer sano—el andar en sanidad divina—es mucho más grandioso. El ser sanado es maravilloso, pero es mucho mejor el darse cuenta que Jesús pagó por nuestras enfermedades, y de que ahora somos libre de ellas. El nos hizo libre de las enfermedades, y Satanás no puede poner ninguna cosa en nosotros sin nuestro consentimiento. Sería un consentimiento de ignorancia, pero sin embargo, usted está dispuesto a dejarle a él hacerlo. El no puede afectarle a menos que usted le deje.

Jesús pagó el precio por su enfermedad. No es una promesa; es un hecho. Esto ya ha sido hecho. Necesitamos ver la prosperidad de la misma manera como vemos la sanidad y la salud. El llevó la maldición de la pobreza. Siempre tendremos suficiente. Jesús proveyó por nosotros. Si usted está en necesidad, si usted no tiene el suficiente dinero para vivir, o si usted no tiene nada extra para invertir en la obra del Evangelio, entonces usted está en una área de pobreza—usted está sufriendo los síntomas de la necesidad.

Isaías 1:19 dice, *Si quisiereis y oyereis, comeréis el bien de la tierra.* La palabra "dispuesto" ha llegado a ser una palabra pasiva en nuestro pensamiento. Actualmente en esta Escritura, "dispuesto" es una palabra de acción. Envuelve o involucra una decisión. Si yo digo, "Yo estoy dispuesta a vivir en sanidad divina," no solamente significa, "Bueno, si alguien me la pega, viviré en ella." No, si yo estoy dispuesta, yo he decidido en mi mente de vivir de esa manera: "Yo he determinado que yo viviré en sanidad divina. Yo no estoy *dispuesta* a estar enferma."

Si usted se decide en su mente—hace una decisión de calidad—que usted no está dispuesto a vivir en necesidad, sino que está dispuesto a vivir en prosperidad divina y abundancia, Satanás no puede impedir el fluir de las bendiciones financieras de Dios. Si usted está dispuesto y obediente, usted comerá del bien de la tierra. La prosperidad divina vendrá a su vida. Usted ha ejercitado su fe en el pacto que usted hizo con Dios. Usted ha abierto la puerta para que El establezca Su pacto con usted.

Se necesita el mismo tipo de decisión respecto a la prosperidad divina que se necesita para la sanidad divina. **El andar en salud divina comienza con una decisión de no permitir más a Satanás que ponga enfermedades en usted,** y Satanás pierde dominio sobre su cuerpo. Francamente, yo no estoy dispuesta a estar enferma; estoy dispuesta a estar sana. Jesús pagó el precio por mí, y voy a tomar ventaja de esto. En honor a Su sacrificio, yo no aceptaré nada menos que la salud divina.

De la misma manera, yo no estoy *dispuesta* a vivir en necesidad. Si yo pensara que la abundancia no estaba de acuerdo con la voluntad de Dios, o si yo pensara que la Palabra de Dios no proveía en abundancia, yo dejaría este asunto a un lado. Pero la Palabra de Dios provee prosperidad y abundancia para mí. Yo soy una heredera de la bendición de Abraham. La redención de la maldición de la pobreza es parte de la obra substitucionaria de Jesús en el Calvario. El pagó el precio por mi prosperidad—un precio muy alto. Yo no voy a burlarme de ninguna parte de Su obra. Yo aprecio profundamente cada beneficio que Su sacrificio proveyó para mí.

Una vez que usted ha tomado la decisión de recibir lo que Jesús ha provisto para usted y andar en la prosperidad divina, Satanás no puede detenerle a usted de ser próspero. Cuando usted hizo la decisión de hacer a Jesús el Señor de su vida de acuerdo a Romanos 10:9-10, no hubo ningún diablo del infierno que pudo detener su salvación o impedir que esto tomara lugar. Satanás y todos sus secuaces no pudieron ni siquiera atrasarla. La salvación fue ofrecida, y cuando usted hizo la decisión de recibirla, la salvación de inmediato llegó a ser suya, y usted llegó a ser una nueva criatura en Cristo Jesús. No hubo lucha. ¡La salvación le fue ofrecida y usted la tomó! Así es con la prosperidad bíblica. **Usted comienza a andar en prosperidad divina con una decisión de nunca más permitir que Satanás ponga síntomas de necesidad en usted.**

Haga esta decisión de calidad respecto a su prosperidad. *Las bendiciones de prosperidad de Dios me pertenecen a mí. YO LAS RECIBO. Los síntomas de necesidad no tienen ningún derecho de operar en contra mía.* Haga esta decisión y usted comenzará a gozar las bendiciones financieras que le han pertenecido a usted desde que usted llegó a ser un creyente en Cristo Jesús.

Redimido de la Maldición

Deuteronomio 28 describe la maldición de la ley. Usted puede ver de estos versos que la pobreza está incluida en esta maldición. *Y palparás a mediodía como palpa el ciego en la oscuridad, y no serás prosperado en tus caminos; y no serás sino oprimido y robado todos los días, y no habrá quien te salve. . . . Edificarás casa, y no habitarás en ella. . . . El fruto de tu tierra y de todo tu trabajo comerá pueblo que no conociste y no serás sino oprimido y quebrantado todos los días. . . . El* (el extranjero) *te prestará a tí, y tú no le prestarás a él; él será por cabeza, y tú serás por cola. . . . Y vendrán sobre tí todas estas maldiciones, y te perseguirán, y te alcanzarán* (Deuteronomio 28:29-45).

De estos versos podemos ver claramente que la pobreza y la necesidad son partes de la maldición de la ley. Gálatas 3:13 muy sencillamente dice, *Cristo nos redimió de la maldición de la ley, hecho por nosotros maldición (porque está escrito: Maldito todo el que es colgado en un madero), para que en Cristo Jesús la bendición de Abraham alcanzase a los gentiles.* Las bendiciones de Abraham ciertamente incluían una bendición financiera. La maldición de la ley ciertamente incluía un trastorno financiero.

Gálatas 3:13 es uno de los versos que causaron que la sanidad fuera una realidad en nuestras vidas. Sabíamos sin lugar a dudas que la enfermedad y la dolencia estaban bajo la maldición, y que la sanidad era una parte de las bendiciones de Abraham. Ahora, podemos usar la misma Escritura para hacer la prosperidad divina una realidad en nuestras vidas. Jesús nos redimió de la maldición de la pobreza. El nos redimió de cada maldición de la ley.

Si estamos dispuestos y obedientes, la bendición de Abraham vendrá a nosotros, y nos alcanzará. Dios nos multiplicará abundantemente y nos hará fructíferos en gran manera. La necesidad será una cosa del pasado, y la abundancia—más de lo que usted se imagina que puede tener—será la orden del día.

Paz y Prosperidad

Otra Escritura que ha significado mucho para nosotros respecto a la sanidad es Isaías 53:5 de la *Biblia Amplificada*: "Pero El fue herido por nuestras transgresiones. El fue lastimado por nuestra culpa e iniquidades; el castigo necesario para obtener la paz y el bienestar para nosotros fue puesto sobre El, y con las llagas que Le hirieron a El, fuimos sanados y hechos íntegros." Aquí dice que Jesús llevó "el castigo necesario para obtener nuestra paz y bienestar." La paz y el bienestar incluyen todo lo que usted necesita. Usted no puede gozar la paz y el bienestar si usted no tiene sus necesidades satisfechas. Isaías 48:18 ata a estos dos puntos juntos: *¡Oh, si hubieras atendido a Mis mandamientos!*

Fuera entonces tu paz como un río. Paz y bienestar incluyen una vida próspera. Dios le dijo a Abraham, *No temas, Abram; Yo soy tu escudo, y tu galardón será sobremanera grande* (Génesis 15:1). La compensación abundante tiene gran alcance. La compensación abundante significa todo. Cubrió a Abraham como un manto de bienestar.

La paz y la prosperidad van mano a mano. Su prosperidad ya ha sido provista para usted. Yo oro que esto llegue a ser una realidad para usted hoy. ¡La prosperidad es suya! No es algo por la cual usted tiene que trabajar. USTED TIENE UN TITULO A LA PROSPERIDAD. Jesús la compró y pagó el precio de su prosperidad tal como El compró y pagó por su sanidad y su salvación. El llevó la maldición del pecado, la enfermedad, y la pobreza. Cuando El pagó el precio por el pecado, El también pagó el precio por la maldición de la pobreza para que usted fuera libre.

Una vez que usted se da cuenta que esa prosperidad ya le pertenece a usted, usted estará en una posición diferente. Usted ya no estará buscando cómo obtenerla, esperando lograrla, o trabajando para llegar allá. Usted no tendrá que trabajar para obtenerla porque la Palabra dice que ya es suya ahora. La Palabra es su fuente de prosperidad tal como es su fuente de sanidad.

Trate cualquier síntoma de necesidad de la misma manera como usted trata cualquier síntoma de enfermedad. Al momento que un síntoma de necesidad aparece en su vida, tome autoridad sobre ello. Ordénele que se aleje de usted en el nombre de Jesús, y permanezca sobre su terreno. Diga, "Necesidad, yo te resisto en el nombre de Jesús. Te ordeno que huyas de mí. Yo he sido redimido de la maldición de la pobreza y la necesidad. YO NO TE TOLERARE EN MI VIDA." No permita que Satanás le robe a usted. El tratará de poner síntomas de necesidad en usted. Pero si usted permanece en la Palabra de Dios, sabiendo que la prosperidad le pertenece a usted, él no puede mantener ese ataque. La Palabra dice que cuando usted resiste a Satanás, él tiene que huir de usted. ¡El no tiene ninguna opción! (Santiago 4:7).

Dominio

La prosperidad divina y la abundancia le pertenecen a usted ahora. Nosotros, como creyentes nacidos de nuevo, tenemos la misma autoridad sobre la tierra que Adán tenía en el Jardín de Edén. Mire en Génesis 1:27-28: *Y creó Dios al hombre a Su imagen, a imagen de Dios lo creó; varón y hembra los creó. Y los bendijo Dios, y les dijo: Fructificad y multiplicaos; llenad la tierra, y sojuzgadla* (con todos sus vastos recursos), *y señoread en los peces del mar, en las aves de los cielos, y en todas las bestias que se mueven sobre la tierra.* Dios hizo la tierra, y entonces hizo al hombre y le dio al hombre dominio y autoridad sobre la tierra. Esta tierra le pertenecía al hombre (Salmo 115:6). Dios no dijo, "Yo la someteré por tí." El dice, "Sométela tú, y ten dominio sobre sus vastos recursos."

Mientras permanecíamos firmes en fe por el dinero para comprar nuestra casa, el Señor me recordó de esta Escritura y me reveló que cada cosa material aquí vino de los vastos recursos de la tierra. Cada trozo de madera, ladrillo, vidrio, concreto, cemento—no había nada en la estructura de nuestra casa que no había venido de los recursos de la tierra. *Fructificad y multiplicaos; llenad la tierra, y sojuzgadla* (con todos sus vastos recursos), *y señoread.* . . . Todo lo que usted puede ver con sus ojos viene de los recursos de la tierra. (Yo no había pensado acerca de eso a pesar que es obvio que así es.) Cada avión *jet* es hecho de materiales que vienen de los recursos de la tierra. Los autos, los edificios, los muebles, las joyas, la comida, la ropa, cada billete, plata, y oro son productos de los vastos recursos de la tierra. Usted no puede tener una necesidad material que los recursos de la tierra no pueden solucionar. Los materiales en bruto pueden cambiar, pero la substancia que les da a los materiales su forma viene de los recursos de la tierra. ¡Gloria a Dios!

Dios le dijo a Adán que sometiera la tierra y sus recursos. El le dio a Adán la autoridad sobre ello. Adán le dio la autoridad a Satanás. Entonces, Jesús vino a la tierra, pagó el precio, y recapturó la autoridad de Satanás. Jesús, a cambio, le dio esa autoridad a los creyentes. *Y Jesús Se acercó y les habló diciendo: Toda potestad Me es dada en el cielo y en la tierra. Por tanto, id, y haced discípulos a todas las naciones, bautizándolos en el nombre del Padre, y del Hijo, y del Espíritu Santo, enseñándoles que guarden todas las cosas que os he mandado; y he aquí Yo estoy con vosotros todos los días, hasta el fin del mundo* (Mateo 28:18-20).

Comencé a ver que yo realmente tenía autoridad sobre aquella casa y la autoridad sobre el dinero que necesitaba para comprarla. Yo dije, "En el nombre de Jesús, tomo autoridad sobre el dinero que necesito. (Mencioné unas cifras específicas.) Yo te ordeno que vengas a mí. Yo tomo mi lugar, y tomo dominio sobre todo lo que necesito. Te ordeno que vengas a mí en el nombre de Jesús. Angeles que ministran, vayan y háganlo que así sea." (Hablando de ángeles, Hebreos 1:14 dice, *¿No son todos espíritus ministradores, enviados para servicio a favor de los que serán herederos de la salvación?* Usted tiene ángeles y le han sido asignados para ministrarle a usted. Salmo 103:20 dice que los ángeles obedecen la Palabra de Dios. Cuando usted llega a ser la voz de Dios en la tierra, poniendo Sus palabras en su boca, ¡usted pone a los ángeles a trabajar! Ellos han sido altamente entrenados y son ayudantes capaces, y ellos saben como lograr hacer el trabajo.)

Yo no estaba tomando autoridad sobre algo que le pertenecía a otra persona. Esa casa estaba para la venta. Esa gente había cedido su autoridad cuando la pusieron en el mercado. Yo tenía el derecho de tomar autoridad sobre ella y recibirla como mía en el nombre de Jesús.

Permanezca firme en la Palabra de Dios sencillamente porque es suya. Crea en ella, y las cosas que usted necesita vendrán a su vida. Tome autoridad sobre ellas, y ordénelas que vengan a usted en el nombre de Jesús. Ordene que el dinero que usted necesita le venga a usted. La autoridad es suya. Tenga dominio y someta la tierra y sus vastos recursos.

Marcos 10:29-30 le promete al dador que volverán ciento por uno de todo lo que da. Dice que usted recibirá "con persecuciones.'' La persecución sencillamente significa que Satanás le va a probar. La persecución no tiene autoridad sobre usted. No tiene poder, pero Satanás está permitido a probarle en esa área. El le va a mentir a usted y robarle si usted le permite. El le va a mostrar síntomas convincentes de necesidad y decirle, ''No hay ninguna forma.'' Recuerde, aquellas cuatro palabras— *No hay ninguna forma*—vienen de Satanás. Dios nunca le dijo que no hay ninguna forma. Jesús dijo, *Yo soy el camino*. La única forma de combatir a Satanás con éxito es con la Palabra de Dios y el nombre de Jesús.

Habían pasado seis años desde cuando comenzamos a creer en Dios para el hogar perfecto hasta que nos cambiamos a la casa en la cual vivimos ahora. Al final del año de alquiler, pagamos al contado por nuestra ''casa de fe.'' Yo no estoy segura como lo hicimos, excepto por fe en la Palabra de Dios. Si hubiésemos pedido dinero prestado, ¡hubiésemos tenido treintaicinco años de deuda para pagarlo! Cuando usted piensa acerca de eso, seis años no parece mucho tiempo. Recuérdese que en 1968, apenas acabábamos de rascar la superficie del conocimiento revelación. Acabábamos recién de darnos cuenta que la fe obra. No sabíamos *como* el sistema de prosperidad de Dios obra. Desde aquel, entonces, hemos aprendido y estamos aún aprendiendo. Hoy nuestra cuenta radial son $200,000 *cada* mes. ¿Cómo podríamos pedir suficiente dinero prestado cada mes para pagar por eso? Gracias a Dios que el dinero prestado no es nuestra fuente—¡EL ES!

Usted no puede recibir estas cosas sencillamente porque yo se las digo. Usted tiene que tomar las Escrituras sobre la prosperidad y meditar en ellas hasta que lleguen a ser una realidad en su corazón, hasta que usted sepa que la prosperidad le pertenece a usted. Una vez que usted ha tenido una revelación de la prosperidad divina en su espíritu, usted no permitará que Satanás las quite de allí. **La Palabra de Dios es la fuente de su prosperidad.** La Palabra es la fuente de todo lo que usted necesita en la vida. *La fe viene por el oír y el oír por la Palabra de Dios.* No busque a personas que solucionen sus necesidades. Busque a la Palabra.

Satanás tratará de convencerle que usted nunca podrá andar en prosperidad, pero no mire a las circunstancias alrededor suyo. Mire a la Palabra que dice que es suyo.

Hay diferentes áreas de prosperidad, tal como hay diferentes áreas de enfermedad. Un dolor de cabeza es una cosa, un cáncer terminal es otra. A mí no me gustaría tener ninguno de los dos. De la misma manera, usted puede tener necesidad en una área o usted puede tener una necesidad total: Usted puede estar sin comida para comer, o sin tener lo suficiente para satisfacer sus necesidades. Otra vez le digo, a mí no me gustaría ninguno de los dos.

¿Por qué toleraría yo eso? ¿Por qué aceptar solamente parte de la bendición de Abraham? La Palabra dice que yo tengo derecho a toda la bendición de Abraham.

No solamente crea en Dios para satisfacer sus necesidades. Crea en El por una abundancia de prosperidad para que usted pueda ayudar a otros. Aquí en América hemos sido bendecidos financieramente. Hemos sido llamados para financiar el Evangelio por todo el mundo. De acuerdo a II Corintios 9:9 en la *Biblia Amplificada*, debemos ser ''auto suficientes—teniendo lo suficiente para no necesitar ayuda o apoyo, y teniendo en abundancia para toda buena obra y donación de caridad.'' Verso 11 dice, ''Así tú serás enriquecido en todas las cosas y en todo lugar para que tú puedas ser generoso. . . .'' ¿No es eso mejor que apenas estar sobreviviendo?

Si usted *recibe en abundancia,* entonces usted podrá dar a otros. Usted vivirá en una abundancia de prosperidad. **Usted caminará en prosperidad divina.**

4
El Ciento por Uno del Rendimiento

Hace unos meses atrás, un nuevo entendimiento del ciento por uno del rendimiento comenzó a crecer en mi espíritu y en mi mente. El Señor comenzó a hablarme acerca de qué bueno es el rendimiento del ciento por uno. El quería que yo meditara en esto y que le dejara que llegara a ser una poderosa realidad en mi espíritu. El conocimiento-revelación de la Palabra de Dios crece en usted como la semilla plantada en Marcos 4:26-29. Un hombre esparce las semillas en la tierra. Se levanta y duerme noche y día mientras la semilla germina y crece y se desarrolla—sin él saber como. Cuando se le permite crecer, llega un día en el cual el fruto ya está maduro y la cosecha está lista.

La Palabra de Dios trabaja así. La Palabra es la semilla. Si está plantada en el corazón y si le permite crecer y aumentar, causará que madure y produzca una cosecha de resultados. *Y éstos son los que fueron sembrados en buena tierra: los que oyen la Palabra y la reciben, y dan fruto a treinta, a sesenta, y a ciento por uno* (Marcos 4:20).

La Palabra producirá de acuerdo de como *usted* la escucha, como *usted* la recibe, y como *usted* trae fruto. Este rendimiento es traído al creer y actuar en la Palabra de Dios y por la confesión de su boca. Algunos oidores no traerán ningún fruto porque permitirán que otras cosas ahoguen la Palabra (Marcos 4:19). Algunos traerán fruto. Algunos traerán fruto a treinta, algunos traerán fruto a sesenta, y algunos traerán fruto a ciento por uno.

Al estudiar el rendimiento del ciento por uno, permita que esta Palabra crezca en usted. Medite en ella y piense acerca de lo que la Palabra le está diciendo a usted. Yo la voy a compartir con usted tal como el Señor lo compartió conmigo en un período de varios meses.

Respondió Jesús y dijo: De cierto os digo que no hay ninguno que haya dejado casa, o hermanos, o hermanas, o padre, o madre, o mujer, o hijos, o tierras, por causa de Mí y del Evangelio, que no reciba cien veces más ahora en este tiempo: casas, hermanos, hermanas, madres, hijos, y tierras, con persecuciones, y en el siglo venidero la vida eterna (Marcos 10:29-30).

La primera cosa que el Señor me guió a que me diera cuenta fue cuán grande el rendimiento del ciento por uno verdaderamente es. Si usted da $1 para el Evangelio, $100 le pertenecen a usted. Si usted da $10, recibe $1,000. Si usted da $1,000, recibirá $100,000. Yo sé que usted sabe multiplicar, pero quiero que usted lo vea en blanco y negro lo tremendo que este principio del rendimiento del ciento por uno es. Dé un trozo de pan y reciba cien. Dé una casa y reciba cien casas o una casa que valga cien veces más. Dé un aeroplano y reciba cien veces más el valor de ese aeroplano. Dé un auto y el rendimiento le traerá a usted un continuo suplir de autos. En resumen, Marcos 10:30 es un trato excelente.

¿Dónde en el mundo natural se le ha ofrecido a usted un rendimiento de un ciento por uno de su inversión? En el mundo natural, si usted logra doblar su dinero, usted estará bien. Si usted recibe diez veces su inversión, esto es un asunto maravilloso. ¿Pero quién habla en términos de un rendimiento de un ciento por uno de una inversión?

Después que yo dejé que lo que la Palabra nos ofrece, en el rendimiento del ciento por uno, llegara a ser una realidad para mí, el Señor me *continuó guiando para seguir dando gracias al rendimiento del ciento por uno.* Cada vez que yo pensé acerca de esto, yo decía, "Gracias, Padre, por el rendimiento del ciento por uno que Tú ofreces en Tu Palabra. Es un rendimiento tan generoso y me pertenece a mí.'' Yo decía todas las palabras de fe y de alabanza que venían a mi espíritu y continuamente Le agradecía a Dios por el rendimiento del ciento por uno. Esta acción de gracias mantuvo mi fe activa y en operación para recibir. Continuamente confesando el rendimiento del ciento por uno causa que la semilla de Marcos 10:30 crezca.

Por años Kenneth y yo hemos actuado en Marcos 10:30 en nuestro dar y hemos creído por el rendimiento del ciento por uno. Cuando recibimos ofrendas en este ministerio, creemos por el rendimiento del ciento por uno, que esto volverá a aquellos que lo dan. Muchos de ustedes han recibido cartas de nosotros agradeciéndoles por su regalo y creyendo con ustedes por el rendimiento del ciento por uno. Al nosotros escribir la carta y enviársela a aquellos que permanecen con nosotros en este ministerio financieramente, oramos y creemos por aquello que creemos y escribimos en la carta. Esperamos que esto ocurra. Marcos 10:30 ha sido vital para nosotros por mucho tiempo, pero en las últimas semanas, parece que no solamente la semilla ha germinado, sino que la hoja y el fruto y toda la mazorca completa ha madurado con nuestros espíritus. ¡Y HEMOS ESTADO COSECHANDO UNA TREMENDA COSECHA!

Yo estoy creyendo que lo que estoy compartiendo con usted será de tanta bendición para usted como lo ha sido para nosotros. Quiero que usted goce de la cosecha y del rendimiento del ciento por uno de una manera mayor que nunca antes en su propia vida.

Meses y meses después que el Señor me enseñó a mí a dar gracias continuamente por el rendimiento del ciento por uno, Kenneth y yo estábamos en Hawaii en una convención. Teníamos unos días libres antes de la reunión para descansar. Un día, mientras estábamos discutiendo la Palabra, llegamos al tema del rendimiento del ciento por uno. Kenneth dijo, ''Bien, ¿sabes tú que nunca hemos recibido el rendimiento completo del ciento por uno de lo que nosotros hemos dado?''

Yo pensé acerca de eso. No, el rendimiento completo del ciento por uno nunca se había manifestado en nuestras vidas, a pesar que hemos tenido grandes rendimientos que han venido a nosotros. El rendimiento del ciento por uno de nuestro dar, ambos a través del Ministerio Kenneth Copeland y nuestro personalmente, serían millones de dólares. Todavía la Palabra lo dice y lo hace, entonces sabemos que nos pertenece. Estos pensamientos vinieron a mi mente y dije, ''Bueno, no hemos llegado allí todavía.'' Y él estuvo de acuerdo. Podríamos haber detenido cualquiera otra revelación allí mismo si hubiéramos dicho, ''Bueno, tenemos una fe de un diez por uno de rendimiento,'' o rendirnos a lo que podíamos ver. Hay algo que usted ha escuchado acerca de los Copeland, y eso es que *¡jugamos hasta ganar!* Un secreto que compartiré con usted acerca de vivir por fe es ¡SIGA JUGANDO! ¡EL JUEGO NO HA TERMINADO AUN!

Durante los próximos días, esa conversación permanecía en mi mente. Yo pensé acerca de eso de vez en cuando. Usted sabe, eso es la ''meditación'': *el tener o fijar su mente en algo.* Durante la convención, como un desafío a mi fe—como queriendo declarar que la Palabra es verdad y que yo recibiría el rendimiento completo del ciento por uno en el nombre de Jesús—dije, ''Muy bien, como un desafío a mi fe, yo voy a poner $10 en la ofrenda y voy a creer por un rendimiento inmediato de $1,000 para pagar algunos de los gastos de nuestro viaje.'' Deliberadamente, lo dí de acuerdo a Marcos 10:30 y creí por el rendimiento completo del ciento por uno. Yo hice la decisión de recibir, y de recibir inmediatamente.

Al siguiente día yo hablé en una comida de damas. Una señora, a quien yo no conocía, vino a la mesa. Dijo que ella y su esposo estaban en el hotel en unas vacaciones, y que no sabían que nosotros íbamos a estar allí. Ella me entregó un cheque y dijo que ellos sustentaban nuestro ministerio, y que regularmente daban al ministerio, pero que este cheque era para Kenneth y yo personalmente. ¡ERA UN CHEQUE POR $500! ¡Nadie nunca me había dado un cheque a mí por $500 en una comida de damas! Allí estaba 50% de mi rendimiento un día más tarde (¡no 50% de mi regalo, sino 50% de mi rendimiento!). Yo estaba tan feliz porque sabía que era en respuesta directa al yo creer por el rendimiento del ciento por uno de los $10 que dí la tarde anterior. ¡Gloria a Dios!

A través del resto de la reunión, yo continué meditando sobre el rendimiento del ciento por uno y continué agradeciéndole a Dios por ello. La última noche de la convención durante la ofrenda, alguien leyó Marcos 10:29-30. Mientras leyó esa Escritura en voz alta, la respuesta que yo había estado buscando me salió al encuentro: *RECIBA CIEN VECES MAS AHORA EN ESTE TIEMPO.* Yo la escuché como que decía, "AHORA EN ESTA VIDA." Busqué varias traducciones y decían, "en esta vida" o "en esta vida presente." El diccionario expositor W. E. Vine del Nuevo Testamento dice, "durante su vida."

Jesús dijo que todo lo que usted dé o deje por culpa del Evangelio, recibirá un rendimiento del ciento por uno *ahora en esta vida.* El no dijo que vendría en dos semanas, sino dijo que vendría en esta vida. ¡Gloria a Dios! Aquí estaba la respuesta. Yo había dado $10, creyendo por el rendimiento del ciento por uno. Cincuenta por ciento de este rendimiento me había venido dentro de las veinticuatro horas—eso quería decir que $500 más me iba a venir en esta vida. Me di cuenta que el rendimiento del ciento por uno está continuamente operando y viniendo a mí mientras yo mantenga mi fe activa en cuanto a eso.

Ninguna de las bendiciones de Dios trabaja automáticamente a pesar que pertenecen a nosotros. Ellas son manifestadas en nuestras vidas al nosotros ejercer nuestra fe para recibirlas. La sanidad le pertenece a cada creyente, pero aquella gran bendición es gozada solamente por aquellos que ejercitan su fe para recibirla. El diezmo lleva grandes beneficios, pero si usted no usa su fe para recibir ese beneficio, ellos no se van a manifestar en su vida. De la misma manera, el rendimiento del ciento por uno es una fuerza poderosa en la bendición financiera del creyente, pero usted tiene que soltar su fe para recibir todo lo que la Palabra le ofrece a usted. La fuerza de la fe debe ser aplicada a la Palabra de Dios en su corazón y por la confesión de su boca.

En esta vida era la respuesta a nuestra conversación unos días antes, acerca de por qué el rendimiento del ciento por uno no se había manifestado completamente. Sabíamos que estábamos siendo bendecidos en abundancia financieramente, que habíamos operado en prosperidad divina, y que todo lo que deseábamos en el mundo material lo teníamos y lo recibíamos. Sabíamos que habíamos recibido grandes cantidades basado en nuestro dar. Pero cuando yo vi "en esta vida," la luz del conocimiento-revelación de Dios me vino de que TODOS los rendimientos del ciento por uno, de TODO lo que nosotros habíamos dado allí, ya venía en camino a nosotros por el resto de nuestra vida. Yo pude ver que si nosotros ejercíamos nuestra fe antes de abandonar esta vida, todo el rendimiento vendría a nosotros y que ese continuamente seguiría viniendo hacia nosotros.

En el pasado, habíamos usado nuestra fe en lo que respecta a Marcos 10:29-30, pero ahora yo puedo ver que, a pesar que no negábamos nuestra confesión por el rendimiento del ciento por uno, permitimos que después de un período de tiempo la determinación de fe comenzara a ceder. Entonces, nos poníamos a creer por el ciento por uno de las ofrendas más recientes. Recibíamos un rendimiento parcial pero dejábamos de permanecer por el rendimiento completo de nuestro dar anterior, y después de un tiempo nos olvidábamos. Estaba aún allí y aún era nuestro, pero sin la presión de nuestra fe, dejaba de fluir hacia nosotros.

Yo compartí esto de la Palabra con Jerry y Carolyn Savelle una semana después. Jerry me dijo que cuando ellos estaban recién comenzando a dar, él se mantenía por el rendimiento del ciento por uno *hasta* que este venía. El estaba en una posición financiera donde tenían que tener todo el rendimiento para poder seguir adelante; consecuentemente, él creía por su cumplimiento. Yo compartí con ellos que el rendimiento completo del ciento por uno vendría si es que acaso tenemos nuestra fe activa y operando por ello. Ellos recibieron la Palabra y comenzaron a esperar. Al siguiente día una mujer trajo un cheque por $500 a la oficina de Carolyn. Carolyn había dado y creído en Dios por el dinero para arreglar su nuevo hogar. Su fe activó el rendimiento que éste viniera a ella.

El rendimiento del ciento por uno de todo nuestro dar ya nos pertenece, pero por una falta de diligencia (por una falla de continuar confesando la Palabra y soltar nuestra fe por el rendimiento del ciento por uno), permitimos que el rendimiento permanezca dormido en las *Cuentas por Recibir. Las Cuentas por Recibir* era dinero que le pertenece a la compañía pero el colectarlo a veces es otra cosa. *¡Hemos aprendido cómo colectarlo!* Lo que hemos aprendido recientemente acerca del rendimiento del ciento por uno es la forma de continuamente mantener ese ciento por uno involucrado y operando a nuestro favor. Ahora podemos continuamente soltar nuestra fe por *todo* el ciento por uno del rendimiento de *todo* nuestro dar. (Debido a que este gran rendimiento ya le pertenece a usted y está sencillamente esperando que usted aplique su presión de fe, usted puede recibir el ciento por uno de lo que usted ha dado en el pasado de la misma manera. *¡El ciento por uno es retroactivo!* ¡Gloria al Señor!)

Ahora, piense en esto conmigo de la forma como yo lo hice. Kenneth y yo habíamos estado viviendo por fe por cerca de diez años. Habíamos estado dando y creyendo por el rendimiento de nuestro dar. En aquellos diez años habíamos sido bendecidos abundantemente. Dios nos ha bendecido con todo lo que habíamos deseado de El. En 1968 cuando oímos por primera vez de como se puede andar por fe, nuestros ingresos eran $3,594.37, bajo el nivel de la pobreza, y nosotros no estábamos recibiendo ayuda social. Desde que hemos estado viviendo en la Palabra, hemos prosperado y sido bendecidos con toda bendición material. Mientras más damos, más recibimos. Mientras más recibimos, más damos. Y más grande llega a ser nuestro rendimiento del ciento por uno. ¿Qué pasaría si vivimos de esta manera los siguientes diez años y luego los otros diez? ¡Gloria a Dios! Nuestros segundos diez años serán mejor que nuestros primeros diez años. Y los primeros diez años han sido más allá de lo que la mente natural puede concebir. ¡Piense cómo será cuando yo tenga cien años y Kenneth tenga 105!

¡Yo puedo ver como el cuerpo de Cristo va a terminar con todo el dinero! No importa la cantidad de su dar, ¡a usted aun se le ofrece el rendimiento del ciento por uno y está garantizado que va a venirle a usted durante su vida!

Esa noche en Hawaii, comencé a ver estas cosas y me entusiasmé mucho. Estuvimos hasta tarde visitando con algunos amigos, y no tuve la oportunidad de compartir con Kenneth lo que había recibido acerca del rendimiento del ciento por uno. Estaba aún viniéndome a mí parte por parte.

Dios Es Fiel de Cumplir Su Palabra

Ahora, yo quiero compartirle en detalle un testimonio de como Dios es fiel de compartir Su Palabra a favor nuestro. La convención había terminado y planeábamos salir para el aeropuerto a las 10:30 del siguiente día. En lugar de despertarme a las 7:00 de la mañana como planeábamos, me levanté a las 8:30. Y a pesar que no esperaba tener tiempo para desayunar, las cosas resultaron de este modo, que bajé primero que el resto de mi familia para lograr una mesa. Decidí comer adentro en lugar de la terraza debido al tiempo. Cuando llegó mi turno, un hombre se paró en frente de mí y tomó la mesa que debía de haber sido mía. La cafetería estaba tan llena que esperé y luego seguí a la mesera hacia la parte de atrás y alrededor de una esquina (el comedor tenía forma de L). No se podía ni siquiera ver el resto del restaurante desde esta área. Y allí había una mesa vacía para cuatro. No recuerdo haber visto ninguna otra mesa vacía. Yo comencé a sentarme a un lado de la mesa, pero decidí moverme al otro lado para sí poder ver cuando Ken entrara. Yo no estaba siguiendo la voz del Señor; estaba siguiendo mi propio espíritu sin siquiera pensar acerca de esto, y estaba fluyendo con mis circunstancias.

En unos pocos minutos una señora vino a la mesa. Yo la había conocido superficialmente el día del almuerzo. Ella dijo, mientras se sacaba un anillo de su mano, "Dios me dijo que le diera esto." No miré el anillo, pero sólo miré a la mujer. Ella se notaba molesta y pensé que tal vez ella estaba haciendo algo que ella verdaderamente no quería hacer.

Yo le dije, "¿Por qué no ora usted acerca de eso un poco más? Yo no quiero que usted lo lamente más tarde."

Ella dijo, "Oh, no. No es eso. A mí nunca me ha ocurrido algo así antes. Yo he sentido una impresión por varios días de darle a usted este anillo, pero yo no sabía si es que acaso era el Señor. Anoche mientras Kenneth estaba hablando, lo sentí más fuerte por lo cual oré, 'Señor, si Tú quieres que yo le dé a Gloria Copeland este anillo, permite que ella se siente junto a mí para el desayuno esta mañana.'"

¡Usualmente nosotros ni siquiera bajamos para el desayuno! En aquel tremendo y atiborrado comedor, me había sentado justo al lado de su mesa. Aun cuando me levanté y me moví para el otro lado, ¡me senté tan cerca como fue posible sin sentarme a su misma mesa! Yo no tenía idea de que Dios tenía una tremenda bendición esperándome aquella mañana al desayuno, pero el rendimiento del ciento por uno estaba operando para mí de una manera maravillosa.

Tomé el anillo y lo miré. Es uno de los anillos más curiosos que he visto—dos cuadrados de esmeraldas y diamantes montados en oro. Los dos cuadrados giran cuando mi mano se mueve. Es una pieza de joyería fascinante. Yo recibí este hermoso anillo de la señora en fe, sabiendo que Dios no le había instruido a ella a dar aquel tesoro a menos que El tuviera algo grande para ella. Usted tiene que dar en fe, pero también es importante recibir en fe.

Luego yo recordé el rendimiento del ciento por uno. La última vez que estuvimos en Hawaii en ese mismo hotel, yo me había sentido impresionada de dar un anillo de diamantes a alguien la mañana cuando estábamos listos para venir a casa. Yo lo dí, y ella me dijo después que era como el que ella había visto una vez en una ventana años antes, y que era lo que ella deseaba. Cuando yo se lo dí, yo creí por el rendimiento del ciento por uno que viniera a mí. El hermoso anillo que acababa de recibir era un rendimiento directo del que yo había dado. Yo siempre había querido tener un anillo para el dedo meñique y este es el más hermoso que jamás he visto. Cuando me lo puse, calzó perfectamente. Yo estaba saltando de gozo en mi interior. Yo sabía que lo que acababa de recibir de la Palabra de Dios hace unos días antes había causado que esta bendición viniera a mí. ¡El rendimiento era mío, pero mi fe había necesitado ser fortalecida para recibir sin demora! El rendimiento del ciento por uno estaba operando para mí. ¡Gracias a Dios por el rendimiento maravilloso del ciento por uno! A pesar que el anillo que yo recibí era mucho mejor que el que yo había dado, la mayor parte de mi ciento por uno está aún allí operando—y viniendo a mí. ¡Qué fascinante!

Yo no había aún compartido con Ken aquella revelación grande y poderosa que había recibido—una que ha continuado creciendo y aumentando desde ese entonces. Cuando nos subimos en el avión, lo primero que hice fue decirle de lo que había encontrado en la Palabra. El se alegró también. Al recordarle acerca del anillo que yo había dado, él miró el hermoso anillo que yo ahora había recibido. Se mueve constantemente; los dos cuadrados giran. Yo le dije, "¡Mira! Este anillo es mi rendimiento del ciento por uno. Lo recibí como un rendimiento, y tal como mi rendimiento del ciento por uno, está continuamente moviéndose—trabajando. El rendimiento del ciento por uno está continuamente operando en nuestro favor y viniendo a nosotros en esta vida."

Yo doy este testimonio para la gloria de Dios tal como cualquier otro creyente debiera. Hemos continuado meditando en el rendimiento del ciento por uno. Hemos leído la Escritura y pensado acerca de ello. Nosotros continuamente agradecemos a Dios por nuestro rendimiento y confesamos que el rendimiento completo del ciento por uno está operando y viniendo a nosotros. Confesamos que estamos recibiendo el retorno del ciento por uno completo en todo lo que hemos dado por Cristo Jesús o el Evangelio. Kenneth y yo estamos aún diciendo estas cosas con nuestras bocas y estamos aún recibiéndolas. Hemos mantenido nuestra fe activa. Hemos llegado a estar más y más emocionados al compartir con otros lo que hemos aprendido. La semilla de Marcos 10:29-30 ha comenzado a producir una cosecha aun mayor que nunca en nuestras vidas. ¡Gloria a Dios! El tiempo de la cosecha ha llegado.

Nuestro retorno del céntuplo está trabajando y viniendo a nosotros. Una cosa poco usual que nos ha ocurrido es un resultado directo de nuestra fe, totalmente no esperado, de una organización a la cual yo había hablado. Cuando ellos me invitaron a hablar, me dijeron que yo no recibiría ningún honorario. Es el único lugar donde yo he sido invitada a hablar donde ni siquiera ofrecieron dinero para gasolina, pero se me había avisado en anticipación por lo tanto no estaba sorprendida. Tuvimos una gran reunión, y yo me olvidé acerca de esto. Cuando volví de Hawaii, allí había un cheque por $150 de esta organización con una nota diciendo que ellos estaban terriblemente avergonzados de estar tan atrasados en enviarme ese honorario. ¡Nunca habíamos recibido ningún honorario con un año de atraso! El retorno del céntuplo está trabajando, viniendo a nosotros—y de las fuentes menos esperadas. El retorno del céntuplo de Dios está operando milagrosamente en nuestras vidas.

Lo que he estado compartiendo con usted suena como que fuera ciencia ficción para algunas personas, pero hay miles de creyentes que están creciendo en Dios financieramente, y que se atreven a permanecer en la Palabra de Dios en lo que a prosperidad se refiere. Esto significará más para aquellos de ustedes que ya están creyendo en Dios y usando su fe en el área financiera. Comience creyendo en Dios en un nivel en el cual usted puede creer. Estudie el libro de Kenneth, *Las Leyes de la Prosperidad*, hasta que usted sabe por la Palabra de Dios cual es Su voluntad para usted al prosperar. Usted muy pronto se dará cuenta que está listo para recibir el retorno del céntuplo. Atrévase a creer lo que la Palabra dice. Usted es un creyente. Usted puede creer.

Compartí estas Escrituras acerca del retorno del céntuplo con un hombre de nuestro equipo. El acababa de dar una pieza de equipo que valía varios cientos de miles de dólares, y estaba creyendo por un diez por uno de retorno porque él sabía por experiencias pasadas que él podía creer en el diez por uno, pero un retorno del ciento por uno le parecía a él un poco difícil. Yo estaba tan feliz en poder compartir lo que el Señor me había dado respecto al retorno del ciento por uno porque yo sabía que una vez que la Palabra fuera revelada a él, él sería capaz de obtener su retorno del ciento por uno. *La fe viene por el oír y el oír por la Palabra de Dios.* Después que él examinó más el retorno del ciento por uno y de que le pertenecía a él, él ya no dudó más en dar un paso de fe en creer por ello. Ya no le pareció más algo fuera de su alcance.

Hay miles de personas que son asociados de este ministerio. Yo estoy creyendo que usted puede tomar lo que he compartido con usted y plantar la semilla de Marcos 10:29-30. ¡Estoy creyendo que usted meditará en esta Escritura y permitirá que crezca en usted hasta que coseche el retorno del ciento por uno de todo lo que usted ha dado! ''Y El les dijo a ellos, ¿Se trae la lámpara y se pone bajo el almud, o bajo una cama? ¿o se pone en el armario? Las cosas están ocultas (temporalmente) sólo como forma de revelación. Porque no hay nada oculto excepto aquello que va a ser revelado, ni tampoco no hay nada (temporalmente) guardado en secreto excepto para que sea dado a conocer. Si algún hombre tiene oídos para oír, déjenle escuchar, que perciba y comprenda. Y El les dijo a ellos, Cuidado con lo que ustedes están escuchando. La medida (de pensamiento y estudio) que ustedes den (a la verdad que escuchan) será la medida (de virtud y conocimiento) con el cual les será dado, y más (aparte) os será dado a aquellos que escuchan. Porque aquel que tiene recibirá más, y de aquel que no tiene nada, aun aquello le será quitado'' (Marcos 4:21-29 de la *Biblia Amplificada*).

La verdad no va a obrar por usted sencillamente porque obra para mí. La Palabra obrará para *usted* cuando llega a ser una realidad en su corazón. Está obrando en mi vida porque yo he meditado en ella y le he permitido que llegue a ser una realidad para mí. Yo he recibido y actuado de acuerdo. La Palabra dice que la medida del pensamiento y estudio que usted le dé a la verdad que usted oye será la medida de virtud y conocimiento que volverá a usted. Jesús dijo, ''Cuidado con lo que escuchas.'' Mientras más usted piensa acerca de la Palabra de Dios y la confiesa con su boca, más pronto la semilla crecerá dentro de usted—primero la hoja, y luego la mata, y luego el grano completo en la mata. ¡El tiempo de la cosecha está aquí! El respeto, la reverencia, y el valor que usted ponga en las Escrituras que escucha determinan el poder (virtud) que opera a favor suyo.

Yo compartí lo que había aprendido del retorno del ciento por uno en nuestra revista mensual, *La Voz de Victoria del Creyente*, y desde entonces hemos recibido muchos excitantes testimonios de como el retorno del ciento por uno está produciendo en las vidas de los creyentes.

Yo creo la siguiente profecía respecto a las finanzas y el retorno del ciento por uno que será una bendición para usted.

El Señor habló estas palabras a través de Charles Capps en Honolulu, Hawaii el 1 de febrero de 1978. (Nota: *La inversión significa volverle de abajo para arriba o de adentro para afuera, o un reverso en la posición.*)

"La inversión financiera aumentará en nuestros días. Porque ustedes ven, Mi deseo es mover en el área de su prosperidad financiera. Pero suéltenme, dice el Señor, suéltenme para que Yo pueda moverme a favor suyo y venir a vuestro lado.

"Porque sí, sí, sí, habrá en esta hora crisis financiera aquí y allá. La economía subirá y bajará, pero aquellos que saben caminar en la Palabra, ellos verán la PROSPERIDAD DE LA PALABRA venir en esta hora en una forma como no ha sido visto por hombres en los días pasados.

"Sí, viene una INVERSION FINANCIERA en el sistema del mundo. Ha sido retenida en depósitos por hombres malvados por mucho tiempo. Pero el fin está cercano. Esos depósitos serán perforados y serán extraídos para el Evangelio de Cristo Jesús. Será hecho, dice el Señor. Será hecho EN EL TIEMPO INDICADO, y será que la Palabra del Señor ocurrirá cuando la riqueza del pecador es dada para el justo.

"Predominantemente será hecha de dos formas en esta hora. Aquellos que han acumulado y almacenado por inspiración del maligno y han detenido dinero del Evangelio serán convertidos

y atraídos hacia el Reino, y entonces abrirán esos depósitos para el Reino. Pero muchos, muchos no lo harán. Aquellos no escucharán la voz de la Palabra de Dios. Ellos se apartarán de esto y se apartarán de eso, y seguirán sus propios caminos, pero sus caminos no obrarán en esta hora. Se disminuirá y huirá de ellos como si estuviera en bolsas con agujeros. Irá aquí e irá allí, y ellos se maravillarán por qué no está obrando ahora. 'Obró en días pasados,' dirán.

"Pero será, dice el Señor, que LA PALABRA DEL SEÑOR CRECERA DENTRO DE LOS HOMBRES—hombres de Dios, de poca estima en el mundo financiero—que reclamarán la Palabra de Dios para sí mismos y andarán en la luz de ella como ha sido dada en la Palabra. Y ellos comenzarán a dar, poco al principio porque es todo lo que tienen, pero esto les será aumentado A TRAVES DEL RETORNO DEL CIENTO POR UNO, y así será que los depósitos que han contenido las riquezas en los días pasados serán devueltos a las manos de los que dén. A CAUSA DEL RETORNO DEL CENTUPLO, LOS DEPOSITOS SERAN PERDIDOS DEL MALIGNO Y ENTREGADOS AL EVANGELIO. Porque vendrá a ser, en esta hora usted verá cosas que nunca soñó, las cuales ocurrirán. Oh, será fuerte al comienzo, y luego será aun más fuerte y más fuerte, hasta que los hombres queden sorprendidos en el mundo y se paren asombrados porque el camino de los hombres ha fallado y el camino de Dios saldrá adelante.

"Al andar los hombres en Mi Palabra, así ellos andarán en el camino del Señor. Oh, sí, vendrán algunos que dirán, 'Sí, pero los caminos de Dios son más altos, ciertamente más altos que nuestros caminos, y no podemos andar en ellos.' Es verdad que los caminos del Señor son más altos. Ellos son más altos que sus caminos como el cielo está sobre la tierra, pero Yo les voy a enseñar a andar en Mis caminos. Yo nunca dije que ustedes no podían andar en Mis caminos. Ahora, aprendan a andar en ellos. Aprendan a dar. Así la inversión del sistema financiero revertirá y será que el Evangelio del Reino será predicado a todo el mundo, y NO HABRA NECESIDAD EN EL REINO. ¡Aquellos que den andarán en el camino sobrenatural! Y serán conocidos por todas partes. MI PALABRA ESPARCIRA Y EL CONOCIMIENTO DEL

SEÑOR LLENARA LA TIERRA EN EL DIA Y EN LA HORA EN LA CUAL PERMANECEIS. Lo verán y sabrán por esto que soy Yo cuando esto ocurra, dice el Señor.''

5
Como Recibir de Dios

Dios no desea una cosa y dice otra. Sería deshonesto e injusto para El no revelar Su voluntad a usted y luego hacerle responsable por no andar correctamente frente a El.

La oración de Pablo, dirigida por el Espíritu a la iglesia, es *que seáis llenos del conocimiento de Su voluntad en toda sabiduría e inteligencia espiritual* (Colosenses 1:9).

La Palabra de Dios es Su voluntad. ¡Su Palabra es sobrenatural y es viva! El Espíritu Santo es enviado a revelar Su Palabra sobrenatural a usted. El hace de las instrucciones del Padre una realidad. Lea la Biblia con el conocimiento que Dios hizo que la escribieran para su beneficio—no para el de El. ¡El ya tiene éxito!

La Palabra de Dios le está hablando a usted, enseñándole como vivir una vida abundante y de éxito.

Jesús dijo, *Si permanecéis en Mí, y Mis palabras permanecen en vosotros, pedid todo lo que queréis, y os será hecho* (Juan 15:7).

La Palabra de Dios en usted es la clave a la oración respondida.

Su Padre quiere que usted tenga una vida victoriosa y goce de todos los derechos y privilegios que Jesús adquirió para usted. El desea que usted guarde Su Palabra porque le mantendrá íntegro—espíritu, alma, y cuerpo.

El mundo debe ver a un cristiano como la Palabra lo ve—un hombre capaz de controlar sus circunstancias con todas sus necesidades solucionadas, ya sean físicas, mentales, o espirituales.

La Biblia le dice quien es usted y lo que usted puede hacer en Cristo. Como un creyente nacido de nuevo, usted está en Cristo. Usted es un miembro del cuerpo de Cristo.

La Biblia no es un libro para ser admirado y que reciba un puesto de honor en su armario. Es su Libro de Referencia de cómo vivir. Su vida misma depende en lo que usted encuentre allí. Es el ''manual básico'' de la vida diaria. Manténgalo siempre con usted.

La Biblia es la Sabiduría de Dios disponible al hombre y escrita en palabras de hombre. Léala positivamente y no como un montón de reglas, sino como una puerta abierta a la libertad. *Y conoceréis la verdad, y la verdad os hará libres* (Juan 8:32).

¡La verdad le hace libre! No le pone a usted en esclavitud.

La Fórmula de Dios para el Exito

Nunca se apartará de tu boca este libro de la ley, sino que de día y de noche meditarás en él, para que guardes y hagas conforme a todo lo que en él está escrito; porque entonces harás prosperar tu camino, y todo te saldrá bien (Josué 1:8).

La fórmula de Dios para el éxito comienza con guardar Su Palabra en su boca. *Hablad la Palabra de Dios.*

Dios le dio a Israel estas instrucciones: *Y estas palabras que yo te mando hoy estarán sobre tu corazón; y las repetirás a tus hijos, y hablarás de ellas estando en tu casa, y andando por el camino, y al acostarte, y cuando te levantes* (Deuteronomio 6:6-7).

Dios les dijo a Israel que hablaran Su Palabra cuando ellos se sentaran, cuando caminaran, cuando se acostaran, y cuando se levantaran. ¡Eso es todo el tiempo!

¿Cómo puede eso ser posible? Jesús dijo que *de la abundancia del corazón habla la boca* (Mateo 12:34). Las palabras que usted pone en sí mismo son las palabras que salen. ¿Qué palabras ve y escucha la mayor parte del tiempo—en televisión, radio, periódicos, novelas—o la Palabra de Dios? Escúchese a sí mismo hablar, y sabrá lo que hay en usted en abundancia. Si usted está hablando duda, temor, y enfermedad, eso es lo que hay dentro de usted en abundancia. ¡Su fuente de información debe ser cambiada!

La corriente de cosas de este mundo es negativa. A menos que usted tome acción en contra del orden del mundo *con la Palabra de Dios*, su boca hablará de experiencias, circunstancias, y tradición.

Jesús dijo, *Porque de cierto os digo que cualquiera que dijere a este monte: Quítate y échate en el mar, y no dudare en su corazón, sino creyere que será hecho lo que dice, lo que diga le será hecho* (Marcos 11:23).

Usted recibe en esta vida lo que usted dice con su boca. Las palabras de su boca es su fe hablando.

Las palabras que usted habla son lo que usted cree.

Sus palabras pueden estar a su favor o en contra suya. Ellas le traerán salud o enfermedad. Sus palabras deciden si es que usted vive en abundancia o pobreza. Sus palabras le dan a usted la victoria o causan su derrota. Salomón, el hombre más sabio y rico del Antiguo Testamento, dijo, *Eres capturado por la palabra de tu boca.* Usted es capturado por sus palabras o es libertado por sus palabras.

Porque de la abundancia del corazón habla la boca. La boca habla de acuerdo a lo que usted ha puesto en su corazón. *El hombre bueno, del buen tesoro del corazón, saca buenas cosas* (Mateo 13:35). Ponga la Palabra de Dios en su corazón, y usted hablará la Palabra de Dios con su boca. La Palabra de Dios en su boca causará que cosas buenas ocurran en su vida.

Medite en la Palabra de Dios

Usted pone la Palabra de Dios en su corazón meditando en Su Palabra. Usted no cambia lo que cree en su corazón solamente por querer cambiarlo. *Usted sólo cambia de acuerdo a lo que usted cree en la Palabra de Dios.*

Así es que la fe es por el oír, y el oír por la Palabra de Dios (Romanos 10:17). La única manera como viene al corazón es escuchando la Palabra, y la única forma mediante la cual la fe puede ser desarrollada es a través de la Palabra. No hay cortacaminos.

La meditación en la Palabra de Dios es una necesidad en la fórmula de Dios del éxito. Mantenga Su Palabra frente a usted y medite: Permanezca en la Palabra en su vida de pensamiento día y noche. La meditación es más que sencillamente leer. La meditación es *fijar su mente en la Palabra* para que usted *pueda hacer todo* lo que está escrito allí. Usted obtiene revelación y percepción de la Palabra que usted nunca hubiese podido obtener al solamente leer.

Al meditar en la Palabra, usted está aplicando esa Palabra a usted mismo personalmente. Usted está permitiendo que el Espíritu Santo haga de la Palabra de Dios una realidad en su corazón.

Usted está cuidadosamente pensando como esta Palabra se aplica a su vida. Usted está manteniéndose en como esta Palabra del Señor cambia su situación. O tal vez usted sencillamente recibe la revelación tranquila de *"¡Eso es para mí!"* Usted está poniéndose a sí mismo de acuerdo con lo que la Palabra dice acerca de usted. ¡Usted se está viendo a sí mismo como El le ve a usted!

Mientras que la Palabra de Dios sea solamente un Libro—aunque sea un Santo Libro—usted no actuará en ella. Hasta que la Biblia llega a ser Dios tratando son usted, no será activa y poderosa en su vida.

A través de la meditación, la integridad de la Palabra de Dios llega a ser una realidad para usted. Cuando la verdad es revelada a su espíritu, usted comienza a hacer todo lo que está escrito allí. El hacer la Palabra de Dios es el resultado final de guardar la Palabra de Dios en su boca y meditar en Su Palabra. Solamente actuando en la Palabra de Dios garantiza éxito.

Uno de los más grandes enemigos de la fe es el *asentimiento mental*. El asentimiento mental está de acuerdo que la Palabra es verdad. El asentimiento mental suena bien, pero no tiene *ningún resultado* porque *solamente está de acuerdo* que la Palabra es verdad—el asentimiento mental no actúa en la Palabra.

El asentimiento mental dice, ''Creo que la Biblia es verdad de Génesis al Apocalipsis.'' Pero cuando llega el momento de aplicar esa Palabra *personalmente*, el asentimiento mental dice entonces, ''Yo sé que la Biblia dice que por Sus llagas soy curado, pero me siento enfermo. Por lo tanto, debo estar enfermo.''

El asentimiento mental no actúa en fe en la Palabra, sino actúa en lo que ve y siente. La gente que solamente está de acuerdo en que la Palabra es verdad no camina por fe sino por vista.

Cuidado con la trampa del asentimiento mental. Es sutil porque suena bien. Las más de las veces el asentimiento mental puede ser descubierto por las palabras ''pero'' y ''si.'' Estas dos palabras le robarán a usted de su confesión de fe. Reemplace las confesiones de duda con la Palabra de Dios.

Actuando en la Palabra

Jesús nos dio un ejemplo de dos hombres y la forma como ellos respondieron después de escuchar la Palabra. El hombre sabio actuó en la Palabra, y el hombre necio tuvo sólo un asentimiento mental en la Palabra. Usted puede ser uno de ellos.

Cualquiera, pues, que Me oye estas palabras y las hace, le compararé a un hombre prudente, que edificó su casa sobre la roca. Descendió lluvia, y vinieron ríos, y soplaron vientos, y golpearon contra aquella casa; y no cayó, porque estaba fundada sobre la roca. Pero cualquiera que Me oye estas palabras y no las hace, le compararé a un hombre insensato, que edificó su casa sobre la arena; y descendió lluvia, y vinieron ríos, y soplaron vientos, y dieron con ímpetu contra aquella casa; y cayó, y fue grande su ruina (Mateo 7:24-27).

Sabiendo lo que la Palabra dice no es suficiente. *Usted debe actuar en ese conocimiento para obtener resultados.* Ambos hombres escucharon la Palabra y ambas casas experimentaron la tormenta, pero los resultados fueron diferentes.

El actuar en la Palabra pone un fundamento bajo la casa del hombre sabio que no será movido y su casa no sufrirá pérdida.

El hombre insensato, que escuchó la Palabra pero no la puso por obra, no tenía fundamento cuando la inundación vino. Su casa puede que haya sido más fácil para construir, pero no tenía ningún poder para permanecer de pie.

Porque la meditación hace de la Palabra de Dios una realidad para usted, cierra la puerta al asentimiento mental y abre la puerta de par en par a hacer la voluntad de la Palabra de Dios. No solamente logra sus pensamientos, sino pone sus acciones de acuerdo a la voluntad de Dios para usted. Al ser reveladas a usted estas verdades en la Palabra, aplíquelas a sus circunstancias y hágalas. Entonces usted será el hombre sabio que actúa en la Palabra. Cuando las adversidades de la vida vienen contra su casa, usted permanecerá firme porque la fundación de *hacer la Palabra de Dios lo hará permanecer.*

Usted aprenderá a actuar en la Palabra de Dios tal como lo hace en la palabra de su médico, su abogado, o su mejor amigo.*

Al poner esta fórmula en acción, descubra lo que Dios dice en la Palabra acerca de la necesidad en su vida. En Su Palabra usted encontrará la respuesta de Dios a cada problema que es común al hombre. Por cada mal que Satanás puede lanzar a la humanidad, nuestro Padre ha provisto la Palabra que vence aquel mal. La prosperidad y el buen éxito son suyos a través de la Palabra de Dios. *Si permanecéis en Mí, y Mis palabras permanecen en vosotros, pedid todo lo que queréis, y os será hecho* (Juan 15:7).

Para recibir de Dios, usted debe hacer que sus pensamientos, acciones, y palabras estén de acuerdo con lo que Dios dice que le pertenece. **Usted** es el factor determinante en recibir de Dios. La Palabra de Dios no cambia. La voluntad de Dios no cambia. Si usted quiere recibir de Dios, USTED debe cambiar lo que cree y dice de acuerdo con El.

Recibimos por fe. Bueno, ¿qué es la fe? Es muy sencillo; sin embargo, parece complejo y difícil de obtener. *La fe es creer lo que Dios dice en Su Palabra sin importar lo que usted ve con sus ojos o escucha con sus oídos o siente con sus sentidos.* La fe cree en la Palabra de Dios, no importa lo que las circunstancias digan. La *Biblia Amplificada* en Hebreos 11:1 dice, ''La fe percibe como un hecho real lo que aún no ha sido revelado a sus sentidos.''

La fe es confianza. Si yo le dijera algo pero no le ofreciera ninguna prueba para respaldar mis palabras,

---

*La porción precedente de este capítulo es tomada de *La Voluntad de Dios para Usted.*

usted tendría que confiar en mí para poder creerlo. Si dice, "Tendrás que mostrarme antes para creértelo," usted no pone ninguna confianza en mi integridad. Cuando recibe o rechaza lo que Dios dice en Su Palabra respecto a usted, usted está tratando con Su integridad.

La Palabra de Dios es buena. La Biblia dice que Dios no es un hombre para que El mienta (Números 23:19).

Usted puede pensar, "Yo nunca llamaré a Dios Todopoderoso un mentiroso," pero eso es exactamente lo que hace cada vez que permite que sus palabras y acciones contradigan lo que sabe que Dios dice acerca de usted en Su Palabra. Usted está actuando en temor en lugar de fe—temor que Dios no cumplirá Su Palabra en su vida. ¡Ese es un tremendo insulto al Padre!

La fórmula de éxito de Dios ha producido en nuestras vidas una y otra vez. *Nunca ha fallado de producir.* Hemos usado esta fórmula personalmente para recibir sanidad, aviones, carros, edificios de oficinas, equipo, ropa, comida, autos, botes, sabiduría, guía, ayuda con nuestros niños, y una red nacional de radio—para nombrar sólo unos pocos. Hemos usado la Palabra de Dios para recibir en cada área de nuestra vida. La Biblia nos dice que el justo *vivirá* por fe. Hemos vivido por fe y gozado tremendos resultados.

Cuando usted esté listo para soltar su fe, use cualquiera Escritura que el Señor le indique que use. No vaya a Dios con el problema. No ore el problema—ore la respuesta. Preséntele a Dios la Palabra que cubre su necesidad.

Usted Puede Tener lo que Usted Dice

Vamos a través del proceso de fe del principio al fin, y vamos a descubrir lo que es necesario de su parte para creer a Dios por algo que usted no puede ver. Alístese a soltar su fe ahora mismo por cualquiera cosa que usted necesite de Dios. Marcos 11:22-24 obrará sobre cualquier necesidad. *Respondiendo Jesús, les dijo: Tened fe en Dios. Porque de cierto os digo que cualquiera que dijere a este monte: Quítate y échate en el mar, y no dudare en su corazón, sino creyere que será hecho lo que dice, lo que diga le será hecho. Por tanto, os digo que todo lo que pidiereis orando, creed que lo recibiréis, y os vendrá.*

Cualquiera que dijere a este monte. De acuerdo a Jesús, para poder cambiar el orden de cosas, **usted tiene que hablarle a la montaña.** La montaña es el obstáculo o la necesidad en su vida. Asumamos que su necesidad es financiera—usted sencillamente necesita más dinero para vivir y dar. Diga esto: "Pobreza, yo te hablo a tí en el nombre de Jesús, y te ordeno que te alejes de mi presencia y de mi vida. No te voy a tolerar más, y te prohibo que operes en contra mía de ninguna forma."

Usted no le habla a Dios acerca del problema. Habla a la montaña y le dice lo que haga. Jesús le habló al viento y al agua y dijo, "¡Sea la paz!" El le habló a la higuera y la dijo, "Que ningún hombre coma fruto de tí nunca más." ¡Y adivine qué! ¡Nadie lo hizo nunca más! La mayoría de la gente quiere que Dios le hable a la montaña por ellos, pero El NO LO VA A HACER. El le ha dado al creyente esa autoridad, y si usted quiere resultados, hágalo de la manera como El le ordena. ¡HABLELE A LA MONTAÑA!

¡Cuando Dios delega la autoridad, El delega autoridad! Adán probó eso en el jardín cuando cometió alta traición. Dios sabía lo que estaba ocurriendo en el jardín cuando Adán estaba siendo tentado. A pesar de que las consecuencias fueron tan terribles, Dios no repudió la autoridad que El le había dado a Adán. *Entonces dijo Dios: Hagamos al hombre a Nuestra imagen, conforme a Nuestra semejanza; y señoree en los peces del mar, en las aves de los cielos, en las bestias en toda la tierra, y en todo animal que se arrastra sobre la tierra* (Génesis 1:26). *Mas del árbol de la ciencia del bien y del mal no comerás; porque el día que de él comieres, ciertamente morirás* (Génesis 2:17). La Palabra de

Dios era todo lo que Adán necesitaba para darle éxito. Satanás, como una serpiente, era una criatura, y Adán tenía autoridad sobre todas las criaturas vivientes. El debiera de haber usado su autoridad y ordenado a Satanás que huyera y que nunca más volviera. Dios le había dado a Adán instrucción de no comer del árbol de la ciencia del bien y del mal. Adán tenía la Palabra de Dios y él tenía dominio. Dios no pasaría a llevar la autoridad de Adán.

Hay otro aspecto a esa historia: Dios no va a pasar a llevar su autoridad tampoco. El le ha dado autoridad sobre esta tierra. El le ha dado instrucciones en Su Palabra que usted puede aplicar sobre cada situación. El permitirá que usted se muera enfermo si es que acaso usted así lo elige. Usted tendrá que ignorar cada Escritura de sanidad en la Biblia y todo lo que Jesús compró para usted cuando El llevó sus enfermedades y sufrió sus llagas. Pero usted tiene autoridad de salir adelante y morir. Dios no le detendrá. Por otra parte, usted tiene la autoridad de tomar Su Palabra y ordenar a su cuerpo que sea sanado en el nombre de Jesús. *Someteos, pues, a Dios; resistid al diablo, y huirá de vosotros* (Santiago 4:7).

Algunos hombres religiosos hoy, que aseguran que los creyentes deben de recibir con gozo sufrimiento, enseñan que Dios está permitiendo la pérdida de su negocio, su salud, o alguna otra maldición para poder enseñarle algo; por lo tanto, si Dios lo está permitiendo, usted no tiene defensa contra eso. Usted se supone que debe sufrir "como un buen soldado." Si usted cree esta enseñanza, automáticamente se pone en una posición donde Satanás le puede derrotar y derrotarle a usted de la peor forma. Esto está directamente opuesto a la operación de fe y a su autoridad dada por Dios. Es también contrario a la Palabra de Dios que dice, *Cuando alguno es tentado, no diga que es tentado de parte de Dios; porque Dios no puede ser tentado por el mal, ni El tienta a nadie. . . . Amados hermanos míos, no erréis. Toda buena dádiva y todo don perfecto desciende de lo alto, del Padre de las luces, en el cual no hay mudanza, ni sombra de variación* (Santiago 1:13, 16-17).

¿Cómo puede usted resistir si cree que Dios le está bendiciendo con cáncer? Eso suena a blasfemia que me parece imposible para mí decirlo; sin embargo, eso es lo que algunos de ustedes creen. **Satanás y Dios no han cambiado de lugar.** Satanás no está haciendo a los creyentes ricos mientras Dios los enferma. Cuando usted examina eso con su cabeza religiosa apagada, no es difícil de imaginar donde comenzó ese error. Ese error religioso le condiciona a usted a cabar su propia derrota. Cada creyente que *abraza el sufrimiento* hace el trabajo de Satanás—de matar, robar, y destruir—mucho más fácil. Se le dice a usted en la Palabra de Dios que crea que Dios es el galardonador y no el destructor. *Porque es necesario que él que se acerca a Dios crea que Le hay, y que es galardonador de los que Le buscan* (Hebreos 11:6).

Este error, sin embargo, tiene un elemento de verdad en él. ¡DIOS ESTA PERMITIENDO TODO LO QUE USTED PERMITE! El le ha dado a usted autoridad, y de acuerdo a Su Palabra, *usted* puede tener todo lo que *usted* dice. El permitirá que usted esté enfermo, perdido en pecado, y atado en pobreza. Dios permitirá que usted muera antes del tiempo. No es eso Su voluntad para usted, pero El permanece fiel a Su Palabra. ''Si ustedes son infieles . . . El permanece fiel (fiel a Su Palabra) . . . porque no puede negarse a Sí mismo'' (II Timoteo 2:13, *Biblia Amplificada*). Si usted toma su autoridad dada por Dios en la tierra y la usa contra sí mismo, Dios lo permitirá. Adán demostró esto.

No se alimente del error. No se alimente en algo que le roba a usted su fe—que crea duda, temor, derrota, o desanimo. Si hay una enseñanza falsa en la iglesia que puede derrotarle permanentemente, es que Dios le está haciendo sufrir para enseñarle algo. *Eso le va a matar.* ¿Comprende eso? ¡*Eso le va a matar!* ¡Y qué insulto para Dios será esto cuando El ha hecho todo lo posible para librarle! Isaías, por inspiración del Espíritu Santo, dijo que Jesús llevó *sus* enfermedades y cargó con *sus* dolencias. Para que Dios vuelva atrás y los ponga otra vez sobre usted sería una aberración de justicia. El sacrificio de Jesús no fue en vano. El sufrió por usted y por mí para que no tuviéramos que sufrir. Debemos de entrar en Sus sufrimientos (Filipenses 3:10). Debemos de recibir el hecho que El llevó por nosotros y nos dejó ir libres del pecado, enfermedad, demonios, y temor (Gálatas 3:13).

Y no dudare en su corazón. En este punto usted debe ya estar fuerte en la Palabra y en su Espíritu y tomar tiempo de meditar en la Palabra de Dios hasta que Su Palabra lleve más autoridad en su vida que Satanás, las circunstancias, y la gente. La duda es erradicada de su corazón al pasar tiempo escuchando y meditando en la Palabra de Dios. Esto no es duda de la cabeza sino del corazón. Duda en el corazón (el espíritu) no es tanto una acción tomada ahora como condición del corazón (el espíritu). Las dudas en la cabeza deberán ser tratadas individualmente al ellas atacar la mente.

Usted tendrá que cumplir el segundo paso en la fórmula de Dios de éxito—el meditar en la Palabra día y noche—para poder operar con éxito en fe. Consideremos de que usted ya ha hecho eso y usted continúa diariamente meditando en la Palabra. (Si es que esto es nuevo a usted, comience inmediatamente.) Usted debe continuamente mantener su espíritu por encima de todo lo que usted guarda, porque de allí fluyen las fuerzas de la vida (Proverbios 4:23). Si usted desea que ocurra lo que dice para su beneficio, MANTENGA SU CORAZON LLENO DE LA PALABRA DE DIOS. *Sino creyere que será hecho lo que dice, lo que diga le será hecho.* La Palabra de Dios es Su parte en nuestra vida de oración. Tenemos Su respuesta a nuestra necesidad aquí mismo en la Palabra escrita. No hay ningún problema en el universo que puede permanecer en contra de la Palabra de Dios. El nos dice lo que debemos hacer en el mundo espiritual para poder cambiar el mundo físico. La Palabra de Dios es la ley en el mundo espiritual y en el mundo físico. El mundo físico material es sirviente del mundo del espíritu, el cual es más poderoso.

La fe es liberada en ambos mundos por las palabras. Las palabras son el puente entre el mundo físico y el mundo espiritual. Jesús dijo, ''Las palabras que les hablo son espíritu y son vida.'' Jesús habló desde un cuerpo físico, pero Sus palabras eran espíritu. Las palabras de Dios son el puente entre Dios y el hombre. Las palabras del hombre son el puente entre el hombre y Dios. Ambos mundos operan en palabras. Piense acerca de eso. Todo lo que usted esté listo para hacer, dígalo primero. Usted ni siquiera va a la tienda sin decirlo si es que acaso hay alguien a su alrededor. Le sorprenderá, pero tampoco usted obtiene resultados en el mundo espiritual sin decir las palabras. Cuando Dios creó el mundo, *El dijo*. El Espíritu Santo Se movía sobre la faz de la tierra. ¿Qué es lo que está diciendo? El estaba esperando—esperando por las PALABRAS. El Espíritu Santo no hizo nada hasta cuando Dios habló. Dios reunió Su voluntad al hablar esas palabras de fe. Sus palabras trajeron el mundo material a existencia. *Por la fe entendemos haber sido constituido el universo por la Palabra de Dios, de modo que lo que se ve fue hecho de lo que no se veía* (Hebreos 11:3).

Aun en el mundo natural, usted tiene que hablar los resultados que desea. Si yo deseo construir un edificio redondo, pero le digo a mi constructor que yo quiero uno cuadrado, ¿qué es lo que cree usted que voy a tener? Aunque el deseo de mi corazón haya sido tener un edificio perfectamente redondo, VOY A OBTENER LO QUE DIJE. Así es el creer en Dios: Lo que usted dice con su boca es lo que va a obtener—aunque usted haya deseado algo diferente. Si usted habla los resultados deseados en oración pero habla contrario a esto el resto del tiempo, usted recibirá lo que usted dice continuamente. Usted es una nueva criatura con autoridad 24 horas al día. Usted es la voz de Dios en la tierra. Su voz lleva autoridad en ambos mundos. Dios le ha delegado esa autoridad aquí a usted. Sus palabras tienen autoridad para crear cada vez que habla, y no solamente cuando ora. Si usted habla resultados positivos en oración y negativos el resto del tiempo, uno anula el otro.

Charles Capps dijo que el Señor le había dicho esto: "Yo le he dicho a Mi gente que ellos tendrán lo que digan, y ellos están diciendo lo que tienen." El decir lo que usted tiene no tiene ningún poder para cambiar las cosas.

¡LA CLAVE PARA EL RECIBIR LOS DESEOS DE SU CORAZON ES DE HACER QUE LAS PALABRAS DE SU BOCA ESTEN DE ACUERDO CON LO QUE USTED DESEA!

Usted no solamente *puede* tener lo que dice, sino que *tiene* lo que dice. El Señor me dijo estas palabras respecto a Marcos 11:23: *En la consistencia está el poder.* Este verso dice que un hombre cree que *aquellas cosas que él dice* ocurrirán. Usted tiene que creer que cada palabra que usted habla ocurrirá, y no solamente la petición que usted está orando. Si usted quiere que su fe obre al más alto nivel, ordene sus palabras correctamente. Haga que todo lo que usted dice esté de acuerdo con lo que Dios dice. Sea consistente en decir **sólo** palabras de fe.

Cuando aprendimos que estábamos recibiendo exactamente lo que decíamos con nuestras bocas, nos pusimos de inmediato a trabajar para hacer decisiones de calidad, de **decir solamente lo que queríamos que ocurriera**. Eso suena sencillo, y lo es. Las cosas de Dios no son difíciles de comprender, pero son peculiares a la manera que el hombre natural opera. Hemos sido entrenados todas nuestras vidas a operar en las formas humanas, pero a través de la Palabra, comenzamos a aprender las formas divinas. Eramos estudiantes determinados. Hicimos la decisión de hablar **solamente** las palabras que queríamos que ocurrieran. La conversación negativa tuvo que irse. La duda, el temor, la necesidad, la esclavitud, la enfermedad no eran lo que queríamos que ocurriera; por lo tanto, esas palabras cesaron de formar parte de nuestro vocabulario y de salir de nuestras bocas.

¡EN LA CONSISTENCIA YACE EL PODER! Haga que cada palabra que usted dice opere para usted. Usted puede cambiar su existencia misma al hacer que las palabras de su boca hablen lo que Dios dice acerca de usted. Haga una decisión que aquellas cosas que usted dice ocurrirán. CADA PALABRA MIA ESTA OCURRIENDO. Usted tendrá que cuidar lo que dice cuidadosamente por un tiempo, pero si usted es diligente, llegará a ser tan difícil para usted hablar negativamente como lo es ahora el hablar consistentemente las palabras correctas.

Esposos y esposas, ayúdense a entrenar sus palabras. Cuando su esposo le corrige y le dice, "Esa es una mala confesión," no se sienta molesta.

Sencillamente diga, "Tienes razón. En el nombre de Jesús, rechazo esa mala confesión y la declaro sin poder para ocurrir." Tenemos que ayudarnos el uno al otro.

El tendrá todo lo que él dice. **Crea que sus palabras ocurrirán**—y no solamente palabras especiales durante el tiempo de oración, sino cada palabra que usted habla. Haga una decisión de hablar palabras llenas de fe.

Por lo tanto, os digo que todo lo que pidiereis orando, creed que lo recibiréis, y os vendrá. Si usted ya ha hecho una decisión que cada palabra que dice ocurrirá, entonces ya ha cumplido este paso. Usted habló a la montaña y le dijo que se removiera de su vida. Crea que sus palabras van a ocurrir.

Hable todo lo que usted desea que ocurra en el nombre de Jesús. Tome autoridad sobre el dinero que necesita y ordénele que venga a usted. Todo lo que usted diga ocurrirá. *Crea que lo recibirá y lo tendrá.* (Usted no tiene autoridad sobre la propiedad de otros a menos que ellos lo ofrezcan para la venta. Usted no tiene autoridad sobre la voluntad de otros.)

Si usted necesita sanidad, háblele a su cuerpo. Ordénele que sea sanado en el nombre de Jesús. Ordénele que funcione adecuadamente. Hable el resultado que usted desea.

Recuerde, la clave para recibir los deseos de su corazón está en hacer que las palabras de su boca estén de acuerdo con lo que usted desea.

Usted ha ejercitado su fe en Dios. Ha hablado al obstáculo que está en su camino y le ha ordenado que sea removido. Usted ha dicho lo que desea que ocurra. Cree que las palabras de su boca y lo que ha dicho tomarán lugar. Usted cree que ha recibido las cosas que ha deseado cuando oraba. No fluctúe sus palabras, y USTED LAS TENDRA.

Estos versos en Marcos son los versos de fe clásicos. Usted puede usar otra Escritura que le dará los resultados deseados, pero aún tendrá que hacer que sus palabras hablen continuamente lo que usted desea para poder lograr los resultados, y tendrá que creer que ha recibido aquello por lo cual ha orado. Estos versos describen la operación de fe. La fe no opera de ninguna otra manera. Para recibir de Dios, siga estas instrucciones.

No Dudando

Una vez que usted haya orado, actuado en la Palabra de Dios, y creído que ha recibido la respuesta, demande que sus acciones, pensamientos, y palabras estén de acuerdo de que *ha* recibido. Actúe como que usted lo tiene. Satanás sabe que a menos que logre cambiar su confesión de fe, su dominio sobre usted está roto. **Si Satanás tuviese alguna autoridad en sí mismo, no tendría que depender en la decepción.** Satanás tiene que engañarle a usted y hacerle decir lo que él quiere que ocurra. ¿Sabía usted que Satanás puede solamente hacer lo que usted dice? Déjeme decirlo otra vez: **Todo lo que Satanás puede hacer es lo que usted dice.** Tenemos la tendencia a estar a la defensiva en lo que respecta a Satanás, pero en realidad, estamos a la ofensiva. Luego de haber llegado a ser nuevas criaturas en Cristo Jesús, **Satanás ya no tiene ninguna autoridad sobre nosotros excepto la que le damos con las palabras de nuestras bocas.** Con nuestras palabras, ya sea resistimos o cumplimos las demandas de Satanás. Con sus palabras, usted resiste o cumple con la Palabra de Dios. Usted está en control. La decisión es suya. Nadie lo puede hacer por usted. Satanás es un proscrito. El tiene que robar la autoridad del hombre para poder operar.

Cuando usted comienza a aplicar su fe por algo, Satanás de inmediato se pone a trabajar para convencerle que detenga la fuerza de la fe que dice, "Yo tengo todo lo que digo de acuerdo con Marcos 11:23. Creo que tengo y lo recibo." El tiene que detener las acciones de su fe, o aquello por lo cual usted ha orado tomará lugar. De alguna manera, tiene que convencerle que aquello por lo cual usted ha creído no va a ocurrir. **El le engaña a usted para hacerle pensar que no ha recibido.**

Satanás aplica la presión necesaria dentro de su límite. La mayoría de las veces, no toma mucha presión. Un creyente que es débil en la Palabra de Dios dirá rápidamente al primer síntoma, "Tal vez no logré mi sanidad. Aún me duele." Un creyente puede permanecer firme por unos cuantos días mientras que otro permanecerá por unas cuantas semanas, pero es el mismo y costoso error ya sea que usted ha estado creyendo por cinco días o por cinco años. Cuando usted "arroja la toalla" en la arena de fe, usted ha llegado a quedar sin fe en la Palabra de Dios. Usted ha aceptado su derrota.

"Si carecemos de fe (no creemos o somos infieles a El), El permanece fiel (fiel a Su Palabra y a Su justicia), porque El no puede negarse a Sí mismo" (II Timoteo 2: 13, *La Biblia Amplificada*).

¿Por qué toma a veces un largo tiempo para lograr respuesta a una oración cuando la otra oración obtiene respuesta rápidamente? La razón más prevalente es la falta de conocimiento de la Palabra de Dios. Mientras más revelación-conocimiento usted tiene, más exacto usted será en creer en Dios. Cuando está actuando en fe, el gran POR QUE le atrasará y causará que usted comience a operar en lo natural.

Cuando comienza a "preguntarse," ¡cuidado! La incredulidad está a su puerta. *Me pregunto por qué toma tanto tiempo. Me pregunto por qué Dios ya no ha hecho algo. Me pregunto si es que erré.*

Aprendí de Norvel Hayes que el preguntarse es dudar. Yo nunca lo había identificado como tal hasta que le escuché enseñarlo. **El preguntarse es dudar.** Piense acerca de eso hasta que nunca se le olvide y usted evitará "la trampa de preguntarse." **El preguntarse es dudar.** De acuerdo a Santiago 1:6, debemos pedir en fe **sin dudar**. Cuando usted duda, Satanás puede empujarle. El siguiente verso dice que si duda, ni siquiera piense que recibirá nada del Señor (Santiago 1:6-7). **Usted puede dudar, o puede recibir; pero no puede dudar y recibir al mismo tiempo.**

Seamos exactos acerca de lo que estamos diciendo. Somos tentados a dudar, no cuando nuestras oraciones son respondidas, sino cuando somos incapaces de ver el resultado con nuestros ojos y escucharlo con nuestros oídos o sentirlo con nuestros cuerpos. **Usted creyó que había recibido su respuesta cuando oró.** Su oración fue respondida en el momento en el cual usted soltó su fe. La fuerza de la fe fue a trabajar para cumplir el deseo de su corazón y su boca. Esa fuerza de fe continuará obrando hasta que usted ve el resultado en el mundo físico, o hasta que usted detiene su fe de obrar con las palabras de su boca. Su oración es cumplida inmediatamente en el mundo del espíritu. Usted lo logra si no llega a ser de doble ánimo y duda. El mundo que ve, escucha, y toca se conformará al mundo del espíritu. Su oración es respondida cuando usted ora, pero usted debe ejercitar la fuerza de la paciencia respecto a su solicitud hasta que ésta es manifestada—claramente visible al ojo u obvia al entendimiento, aparente a los sentidos.

Al momento que usted ora en fe, los ángeles se ponen a trabajar en el mundo invisible del espíritu para hacer que su oración se cumpla.

¡Miremos en este mundo invisible y veamos a nuestros ángeles trabajando!

6
¡Nuestros Angeles Obrando!

¿No son todos espíritus ministradores, enviados para servicio a favor de los que serán herederos de la salvación? (Hebreos 1:14). Los ángeles de Dios han sido enviados a ministrar a los herederos. *Cristo nos redimió de la maldición de la ley, hecho por nosotros maldición . . . para que en Cristo Jesús la bendición de Abraham alcanzase a los gentiles, a fin de que por la fe recibiésemos la promesa del Espíritu. . . . Y si vosotros sois de Cristo, ciertamente linaje de Abraham sois, y herederos según la promesa* (Gálatas 3:13-14, 29).

— Los ángeles han sido enviados a ministrar a los herederos de la promesa de Abraham (Génesis 17). Los ángeles de Dios han sido enviados a llevar a cabo todo lo que sea necesario para establecer la promesa de Dios en la tierra. *Los ángeles son asignados a administrar las bendiciones de Abraham a su simiente en la presente generación.* Tan ciertamente como Dios estableció Su pacto con Isaac, El está obligado por Su propia Palabra a establecer Su pacto con usted. *¡Si vosotros sois de Cristo, ciertamente linaje de Abraham sois!* ¡Gloria a Dios! Si usted ha hecho a Jesús el Señor de su vida, entonces es simiente de Abraham y heredero de su bendición.

Los ángeles están para administrar el Nuevo Pacto (el cual es el cumplimiento del Antiguo Pacto) a los herederos de la promesa. En la Escritura desde Génesis al Apocalipsis, se ven los ángeles administrando el pacto de Dios a Abraham y su simiente. Gálatas 3:19 dice que la ley fue *ordenada por ángeles*. W. E. Vine declara que esta palabra es usada en el sentido de "administrada." El diccionario define "administrar" a "estar a cargo de como un agente ejecutivo en administración." Da estos sinónimos de "administrar": "controlar, conducir, ministrar, proveer, suplir, dispensar, distribuir, dirigir, ejecutar, supervisar." A través del Antiguo y Nuevo Pacto, usted puede ver a los ángeles trabajando haciendo estas mismas cosas.

La *Concordancia Analítica de Young* muestra la palabra "ángel" como "mensajero" o "agente." Los ángeles son Agentes Implementadores del Pacto. Los ángeles son los agentes de Dios para ver que Su Palabra (Su Pacto) sea cumplida en la tierra. *Bendecid, vosotros Sus ángeles, poderosos en fortaleza, que ejecutáis Su Palabra, obedeciendo a la voz de Su precepto. Bendecid a Jehová, vosotros todos Sus ejércitos, ministros suyos, que hacéis Su voluntad* (Salmo 103:20-21).

Los ángeles son los ministradores de Dios para hacer Su voluntad. Salmo 35:27 de la *Biblia Amplificada* dice, "Canten y alégrense los que están a favor de Mi justa causa, que ama la prosperidad de Sus siervos." Gloria a Dios. ¡Los ángeles hacen la voluntad de Dios, y Su voluntad es la prosperidad de Sus hombres del pacto! Los ángeles están en la tierra para prosperarle a usted.

Hebreos 1:14 nos dice que estos ángeles han sido enviados y que ellos están aquí. Hebreos 12:22 nos dice que su número es incontable. La *Biblia Amplificada* dice, "multitudes sin número de ángeles." Apocalipsis 5:11, hablando de los ángeles, dice, "Y los números de ellos eran millones de millones."

Hilton Sutton compartió con nosotros recientemente que en lo que él ha podido averiguar, ¡su número es cien trillones de ángeles! Un trillón es un millón de millón de millones. Cien trillones en números sería equivalente a 100,000,000,000,000. ¡Uf! Yo creo que esto es suficiente para establecer el pacto de Dios en la tierra. No hay escasez de ángeles. El Hermano Sutton dijo, "Si hubieran cinco billones de personas en la tierra (los cuales no lo hay aún todavía) y todos se salvaran, todavía habrían veinte mil ángeles para administrar a cada uno de nosotros. Si la mitad de la población de cinco billones nacieran de nuevo y los ángeles fueran distribuidos proporcionalmente, habrían 40,000 ángeles asignados a cada uno." La aritmética del Hermano Sutton me ayudó a darme cuenta de cuantos ángeles hay. ¡Para mí, esto es fantástico!

El rey de Siria envió caballos, carrozas, y un tremendo ejército a arrestar al profeta Elías. (¡Un profeta era una amenaza a toda la nación!) *Y se levantó de mañana y salió el que servía al varón de Dios, y he aquí el ejército que tenía sitiada la ciudad, con gente de a caballo y carros. Entonces su criado le dijo: ¡Ah, señor mío! ¿qué haremos? El le dijo: No tengas miedo, porque más son los que están con nosotros que los que están con ellos. Y oró Eliseo, y dijo: Te ruego, oh Jehová, que abras sus ojos para que vea. Entonces Jehová abrió los ojos del criado, y miró; y he aquí que el monte estaba lleno de gente de a caballo, y de carros de fuego alrededor de Eliseo* (II Reyes 6:15-17). ¡El monte estaba lleno de ángeles! Los ángeles de Elías estaban listos a cumplir el pacto de Dios. El tenía el suficiente número de ángeles para hacerse cargo de un "gran ejército." No hay ninguna escasez de ángeles.

Por la mayor parte, los herederos de la promesa todavía no han estado usando el poder angelical disponible a ellos. Hay tantos ángeles que es más que seguro que hay más que suficiente para lograr completar el trabajo, no importa por lo que usted esté ejercitando su fe en la Palabra de Dios. ¡Dios es capaz y poderoso para cumplir Su Palabra! Todo lo que usted tiene que hacer es creer; Dios hará el actuar. ¡Usted cree, y Dios lo establece!

Los ángeles de Dios han sido asignados a usted como un heredero de la promesa. Su tarea es establecer la promesa de Dios a Abraham en sus circunstancias y su vida. En resumen, ellos están aquí para prosperarle como prosperaron a Abraham.

Imagínese esta situación: Usted tiene 20,000 a 100,000 hombres (simplemente hombres naturales) trabajando para prosperarle a usted. Si estos hombres trabajan solamente ocho horas al día sin ningún costo para usted, ¿cuánto tiempo piensa usted que tomará para que ellos le hagan a usted rico? Por supuesto, usted tiene que estar dispuesto a dejarles trabajar y no entorpecer su labor o el cumplimiento de su tarea. Bueno, si una multitud de hombres operando en el ambiente natural le pueden hacer a usted próspero, ¿cuánto más pueden los ángeles de Dios que operan en el área sobrenatural y la sabiduría de Dios? Dios ha hecho provisión para nosotros más allá de nuestra comprensión.

Efesios 3:20 habla de nuestro Dios como *Aquel que es poderoso para hacer todas las cosas* **mucho más** *abundantemente de lo que pedimos o entendemos, según el poder que actúa en nosotros.* Dios ha prometido que multiplicará la simiente de Abraham **abundantemente** y será un Dios para ellos. Estamos felices de haber recibido aquello que hemos pedido, pero de acuerdo a esto, ¡Dios ha pactado y es capaz de hacer mucho, mucho más de lo que podemos pedir o pensar!

Yo creo que en estos últimos días, vamos a tener que depender en nuestra herencia de la bendición de Abraham y sobrepasar nuestra manera natural de pensar. (*Sobrepasar: poder ir más allá de los límites dados o supuestos, en medida o en cantidad.*) En el pasado hemos limitado la habilidad de Dios y Su voluntad a bendecirnos poniendo un ''límite imaginario.'' ''*Oh, aquello es demasiado para recibir.*'' El ''supuesto límite'' de un creyente puede ser considerablemente mayor que otro, pero lo que estoy compartiendo con usted de la Palabra de Dios es que ¡NO HAY LIMITES! La promesa de Dios a Abraham no tiene límite. Es tan ilimitado como Dios mismo. La Biblia dice que Abraham era *extremadamente* rico, y que el Señor le había bendecido en *todas* las cosas. Estas son todas las palabras que tenemos para describir su condición de bendición. (*Extremada: yendo gran distancia;*

muy grande o lo más grande; lo máximo en grado; lo mejor que puede existir en realidad o en imaginación; excesivo; inmoderado.)

Si usted es la simiente de Abraham, todo lo que se requiere de usted para gozar las provisiones del pacto es obediencia a la Palabra de Dios. Estas provisiones llegaron a ser suyas a través de la fe en Cristo Jesús (Gálatas 3:22). *Conoce, pues, que Jehová tu Dios es Dios, Dios fiel, que guarda el pacto y la misericordia a los que Le aman y guardan Sus mandamientos, hasta mil generaciones* (Deuteronomio 7:9).

Años atrás hicimos la decisión de ser obedientes a la Palabra de Dios, y hemos prosperado; pero hoy, he decidido de ''ir más allá de cualquier supuesto límite'' y permitir que Dios pueda bendecirme **excesivamente**. ¡Yo soy una heredera de Su promesa. Usted puede continuar limitando a Dios si quiere, pero yo estoy dispuesta a ser bendecida abundantemente, más allá de lo que puedo pedir o pensar. (¡Y soy muy buena para pedir y pensar!)

Estoy creyendo en Dios que establecerá Su pacto conmigo en mi generación. He llegado a estar *dispuesta* a recibir la bendición de Abraham en mi tiempo. No voy a limitar a Dios en lo que yo puedo pedir o pensar. Yo libero mi fe para andar en la **abundante** porción de la promesa. No me asusto de la promesa de Dios a través de la incredulidad. Estoy totalmente convencida que lo que El ha prometido, El es también capaz de cumplir (Romanos 4:20-21). Esto establece mi parte del recibir.

Permítales a Sus Angeles que Trabajen

¿No son todos espíritus ministradores, enviados para servicio a favor de los que serán herederos de la salvación?

(Hebreos 1:14). La palabra "salvación" indica "liberación, preservación, y salud." Sus palabras ponen a los ángeles a trabajar a su favor para cumplir todo lo que usted diga. Los ángeles han sido enviados para establecer el pacto de Dios en su vida. Cuando confiesa la Palabra de Dios sobre una situación, usted pone sus ángeles a trabajar. Sí, usted tiene ángeles asignados a usted. Las palabras de su boca les atan o sueltan a ellos para trabajar para usted. Si usted habla palabras de fe reforzadas por la Palabra de Dios, sus ángeles están libres para traer a cumplimiento lo que usted desea que ocurra. *Bendecid a Jehová, vosotros todos Sus ejércitos, ministros suyos, que hacéis Su voluntad* (Salmo 103:20). Cuando usted guarda la Palabra de Dios en su boca, mantiene a sus ángeles trabajando para hacerlos que traigan el cumplimiento todo lo que usted dice.

Los ángeles están esperando sus palabras. Aun en el Antiguo Pacto, el ángel dijo a Daniel, *Fueron oídas tus palabras, **y a causa de tus palabras yo he venido*** (Daniel 10:12). Las palabras de Daniel pusieron al ángel a trabajar para él. Por supuesto, nuestros ángeles están más libres para obrar ahora que en el tiempo de Daniel porque Jesús derrotó a Satanás. Satanás no tiene la autoridad que tenía antes de que Jesús le quitara a él toda su autoridad. Los ángeles ya han sido enviados. Ellos no van y vienen como Jacob los vio. Ellos ya han sido enviados para ministrarles a aquellos que son los herederos. ¡Ellos están aquí AHORA! *Y si vosotros sois de Cristo, ciertamente linaje de Abraham sois, y herederos según la promesa* (Gálatas 3:13-14, 29).

Las palabras de su boca atan a Satanás o le liberan. Las palabras de su boca atan a los ángeles o los dejan en libertad. Sus palabras controlan su destino. Su vida ahora mismo es el producto de sus palabras.

Recuerde, la clave para recibir los deseos de su corazón está en hacer las palabras de su boca estar de acuerdo con lo que usted desea. No diga palabras que son contrarias a su voluntad.

Charles Capps dice, "La Palabra de Dios es Su voluntad para el hombre. Las palabras del hombre deben ser su voluntad hacia Dios. Los ángeles saben esto, por lo cual ellos escuchan sus palabras, y luego ellos se ponen en operación activamente para causar que esto ocurra, o permitirle que esto tome lugar. El Espíritu de Dios me habló y dijo, 'Si hablas enfermedad, malestar, calamidad, y cosas malas, los ángeles no lo van a hacer, ni causarán que esto ocurra. Ellos sencillamente inclinarán sus cabezas, darán unos pasos atrás, y detendrán las manos, porque usted les ha atado por las palabras de su boca, y ellos no pueden operar para usted. Ellos permitirán que todo el mal y todo lo malo de lo cual usted está hablando ocurra **porque sus palabras son su garantía**, y cuando usted habla en contra de su labor, ellos no pueden hacerla.'" (Los ángeles de Dios nunca obrarán para hacer la obra de Satanás.)

Del momento que usted ejercita su fe en su pacto, los ángeles se ponen a obrar para ministrar los resultados de su fe para usted. La Biblia dice que ellos son poderosos en fortaleza. Son seres capaces. Son seres espirituales. No se puede verlos obrar. Usted no puede ver cuanto ellos han logrado a su favor; pero usted puede creer la Palabra de Dios y saber que ellos están haciendo su labor. Su labor es ministrarle a usted. Ellos no van a hacer ninguna cosa más. Los ángeles laboran 24 horas al día. Si usted habla la Palabra de Dios y dice solamente las palabras que desea que ocurran, los ángeles van a obrar para usted constantemente.

Puede que no haya evidencia en el mundo natural de que usted está un paso más cercano a recibir la respuesta un minuto antes de que esta ocurra. Mire lo que tomó lugar entre Kenneth y yo cuando soltamos nuestra fe por un hogar. No había ninguna evidencia de que algo había ocurrido por años. El dinero no estaba en el banco. Al mirar a nuestra cuenta de banco, era como si pensáramos que el milenio pasaría antes de que nosotros nos pudiéramos cambiar. Sabíamos mucho más que mirar a la cuenta de banco. Sabíamos como mirar a la Palabra de

Dios y no a las circunstancias. Lo que yo no pude ver fue cuando nosotros soltamos nuestra fe, una mujer comenzó a construir nuestra casa, una que supliría nuestras necesidades. Todo este tiempo yo no veía ninguna evidencia de que nuestra casa estaba siendo construida. Continuamos permaneciendo en fe sin dudar, y estamos aún gozando nuestro hogar hoy en día. El punto es que los ángeles estaban trabajando desde el momento que nosotros comenzamos a ejercitar nuestra fe, hablándolo con nuestras bocas. Ellos escucharon la voz de Dios en nuestros labios.

Recuerde que usted solamente puede ver los resultados de su fe después que han sido logrados.

Sus últimas palabras son el factor determinante. Si habla de cosas que no existen como si existieran por cinco años, dos meses, y tres días, pero en el cuarto día del quinto año en el segundo mes, usted permite que sus palabras hablen lo contrario a lo que desea que ocurra, sus últimas palabras que usted habló constituyen la ley en vigor y comienzan a crear la situación. Usted ha dudado. *Pero pida con fe, no dudando nada; porque él que duda es semejante a la onda del mar, que es arrastrada por el viento y echada de una parte a otra. No piense, pues, quien tal haga, que recibirá cosa alguna del Señor. El hombre de doble ánimo es inconstante en todos sus caminos* (Santiago 1:6-8).

¡Pero tengo buenas noticias! Obra tan rápidamente a su favor. Usted puede cambiar sus palabras de negativo a positivo tan rápidamente como puede cambiar de positivo a negativo. Inmediatamente tome autoridad sobre las palabras que derrotan su fe. Si usted ha hablado palabras de duda y temor, puede corregirlas rápidamente. Reste el poder de estas palabras antes que ocurran. Niégelas en el nombre de Jesús, y luego reitere lo que usted desea que ocurra. Sus últimas palabras, ya sea por usted o en contra suya, son el factor determinante. Sus últimas palabras ponen los ángeles a trabajar o los fuerza a ellos a retirarse, inclinar la cabeza, y detener sus manos. Sus ángeles están esperando para que usted les dé a ellos palabras que vendrán a ocurrir. Ellos han sido enviados para ministrar a usted. Suelte a esos ángeles para que trabajen a su favor, continuamente hablando lo que usted quiere que ocurra en su vida. Sus palabras ponen en movimiento sus circunstancias, los asuntos de su vida, la condición de su cuerpo, su aceptación o rechazo por otras personas.

La Palabra de Dios es Su voluntad. Si sus palabras no son su voluntad, usted estará frustrado el resto de su vida porque sus palabras ocurrirán.

Recuerde, la clave para recibir los deseos de su corazón está en el hacer que sus palabras estén de acuerdo con lo que usted desea.

7

¡Sí, Usted Puede Estar Firme!

Por lo demás, hermanos míos, fortaleceos en el Señor, y en el poder de Su fuerza. Vestíos de toda la armadura de Dios, para que podáis estar firmes contra las asechanzas del diablo. . . . Por tanto, tomad toda la armadura de Dios, para que podáis resistir en el día malo, y habiendo acabado todo, estar firmes. Estad, pues, firmes. . . (Efesios 6:10-11, 13-14).

Y habiendo acabado todo, ¡ESTAR FIRMES! Somos amonestados para que nos pongamos toda la armadura de Dios. De acuerdo a esta Escritura, con Su armadura, podemos estar firmes con éxito contra todas las estrategias y engaños de Satanás. Se nos dice que nos pongamos la armadura de Dios para poder resistir y estar firmes en nuestro territorio cuando Satanás venga al ataque. *Y habiendo acabado todo, estar firmes. Estad, pues, firmes.* Sí, usted lo puede hacer. La Palabra de Dios dice que puede. Usted es fuerte en el Señor y tiene la Palabra de Dios en su corazón. Levante su escudo de fe con el cual usted puede apagar los dardos ardiendo del enemigo (verso 16). Esta Palabra del Señor le dice que *usted* puede apagar cada dardo del enemigo que Satanás envía en su dirección. ¡Usted! Dios le ha dado a usted Su armadura. Su Biblia es Dios hablándole a **usted**. **Su escudo de fe son las palabras de su boca.** Este escudo de fe es capaz de detener todos los dardos ardiendo del enemigo y cada ataque de Satanás.

¿Por cuánto tiempo está usted firme? ¿Por cuánto tiempo dice el verso que usted esté firme? ¿Tres días? ¿Tres meses? ¿Tres años? ¿Tres décadas? ¿Tres siglos? Gloria a Dios, no dice cuanto tiempo. La Biblia dice, *Habiendo acabado **todo**, estar firmes. ESTAD, PUES, FIRMES.*

No intente buscar algo en fe sin primero hacer una decisión de calidad de estar dispuesto a aplicar la fe hasta que el resultado esté completo. Usted no va a vencer *intentando* de recibir por fe. El intentar no le va a dar resultados. Entréguese y todo lo que usted tiene, sin reservas, al hecho de que la Palabra de Dios es verdad. Haga esto en oración. "Su Palabra no falla. La Palabra de Dios traerá esto a mi vida. Yo no desmayaré ni perderé ánimo. Permaneceré; por lo tanto, permaneceré, habiendo acabado todo. Soy como el árbol plantado junto a las aguas. No seré movido por las circunstancias, por la gente, o por Satanás. Permaneceré en la Palabra de Dios. Venceré y no fallaré. Ganaré y no perderé. Estoy lejos de pensamientos de opresión y destrucción, porque no temeré."

Cuando usted lucha la buena batalla de fe, esté determinado a ganar.

El Poder de la Paciencia

Después que usted haya orado la voluntad de Dios, y haya dicho con su boca lo que desea, y haya creído que usted ha recibido, esté listo a ejercer la fuerza de la paciencia hasta que su fe produzca la respuesta en el mundo visible.

La paciencia sostiene la fe y mantiene la fe aplicada hasta que el resultado se manifieste en la tierra. Cuando usted aprende a soltar el poder de la paciencia, usted puede recibir cualquiera cosa de Dios que esté de acuerdo con Su Palabra. Francamente es aquí donde mucha gente falla cuando intenta de caminar el camino de fe, pero *esto no tiene que ser así*. La paciencia es la diferencia entre *intentar* y *hacer*. Algunas personas van a *pescar*, y otras *pescan pescados*. Algunos *intentan* de andar por fe; otros *lo hacen*. **La paciencia hace la diferencia.**

Kenneth Copeland dice, ''El poder de la paciencia es una fuerza que opera. Cuando la fe tiende a variar, es la paciencia que viene a la ayuda de la fe para hacer que esta permanezca. El poder de la paciencia es necesario para sostener la fe. La fe y la paciencia son frecuentemente mencionadas en la Biblia. La fe y la paciencia son poderes gemelos. Juntos, producirán cada vez. La paciencia sin fe no tiene substancia. Por otra parte, muchas veces la fe sin paciencia, después de un tiempo, deja de estar firme en la evidencia de la Palabra de Dios. Sin el poder de la paciencia obrando, permitiremos conocimiento sensorial—las cosas que vemos—que atiborren nuestra fe. Nuestra fe debe estar basada en lo que la Palabra dice más de lo que nuestro ojo puede ver. La paciencia sostiene la fe y le da la fuerza para permanecer hasta que llegue la respuesta. La fe es una fuerza poderosa. Siempre trabaja. No es que nuestra fe sea débil y que necesite fuerza, pero sin el poder de la paciencia, nosotros detenemos la fuerza de la fe con confesión y acción negativas'' (*La Fuerza de la Fe*).

No perdáis, pues, vuestra confianza, que tiene grande galardón; porque os es necesaria la paciencia, para que habiendo hecho la voluntad de Dios, obtengáis la promesa. Porque aún un poquito, y El que ha de venir vendrá, y no tardará. Mas el justo vivirá por fe; y si retrocediere, no agradará a mi alma. Pero nosotros no somos de los que retroceden para perdición, sino de los que tienen fe para preservación del alma. Es, pues, la fe la certeza de lo que se espera, la convicción de lo que no se ve (Hebreos 10:35-39, 11:1).

Usted tiene necesidad de la paciencia y la tolerancia. W. E. Vine dice que *la paciencia es la calidad que no se rinde a las circunstancias o sucumbe bajo prueba; es lo opuesto al desaliento, y está asociado con la esperanza.* El diccionario define "desaliento" como "estar decaído; perder ánimo, confianza, o esperanza." La paciencia y el desaliento son fuerzas opuestas. Satanás usa el desaliento contra usted para detener el poder de la paciencia, tal como él usa el temor para detener la fe. La paciencia es una fuerza divina que viene a su espíritu; el desaliento es una fuerza satánica que ataca su alma, su mente, su voluntad, y emociones.

La paciencia anima una confianza sin temor en la Palabra de Dios a pesar de la evidencia contraria en el mundo visible. Confianza sin temor que la Palabra de Dios nunca falla—cuando se confía con fe—producirá grandes y gloriosos resultados. Cuando Satanás trae una prueba o una aflicción en contra suya, no arroje afuera su confianza en la Palabra de Dios. El rehusar arrojar afuera su confianza en la Palabra de Dios es el poder de la paciencia obrando.

Bienaventurado el hombre a quien Tú, Jehová, corriges, y en Tu ley lo instruyes, para hacerle descansar en los días de aflicción, en tanto que para el impío se cava el hoyo (inevitable) (Salmo 94:12-13 de la *Biblia Amplificada*). **Paciencia es el poder de mantenerse calmado.** De acuerdo a esta Escritura, ese es el resultado de estar instruido en la Palabra de Dios y ser obediente a Su Palabra—siendo hacedor de la Palabra y no oidor solamente (Santiago 1:22).

El poder de la paciencia es liberado a obrar para usted frente a la adversidad cuando usted actúa en lo que sabe que la Palabra de Dios dice acerca de su situación. Cuando usted está diciendo, "Adversidad, tú no cuentas. La Palabra de Dios dice que eres derrotada y estás bajo mis pies. La Palabra de Dios es verdad, sin importar lo que veo con mis ojos naturales. La Palabra de Dios tiene grandes y gloriosos resultados, y yo estoy permaneciendo firme a aquella Palabra, y no me desanimaré."

Frente a la adversidad cuando todo parece como que la catástrofe es inevitable, Satanás pondrá presión para que usted se desmaye y se rinda. En ese momento, usted querrá sucumbir a la presión y soltarse de la Palabra de Dios. ¡No lo haga! USTED NO PUEDE SUCUMBIR A LA PRESION DE SATANAS SIN ARROJAR SU CONFIANZA EN LA PALABRA DE DIOS. Para actuar bajo la presión de Satanás, usted tiene que dejar de actuar en la Palabra de Dios que dice que usted ya tiene la respuesta. No hay término medio. Cuando se trata de permanecer en la Palabra de Dios en fe, usted está ya sea encendido o apagado.

La paciencia tiene el valor de rehusar lo que Satanás, las circunstancias, y la gente pueden probarle verdadero en el mundo natural. La paciencia dice, ''¡Sea Dios veraz y todo hombre mentiroso! No sucumbiré a la presión. No soy movido por ninguna otra cosa excepto la Palabra de Dios.'' Cuando la presión de Satanás dice que la Palabra de Dios no opera, la paciencia la rechaza como una mentira. **La paciencia no tiene temor.** La paciencia sabe que la Palabra de Dios nunca ha fallado en miles de años. La paciencia sabe que cuando la fe es ejercitada para recibir la Palabra de Dios, el éxito es inevitable. La paciencia sabe que el hoyo de corrupción ya ha sido cavado para el malvado. (Satanás está intentando de hacerle que usted salte al hoyo que ha sido cavado para él. La respuesta a eso es sencilla: *¡No lo haga!*)

Santiago 1:4 nos da una intuición a la grande y gloriosa compensación de la confianza sin temor en la Palabra de Dios y Su habilidad. *Mas tenga la paciencia su obra completa, para que seáis perfectos y cabales, sin que os falte cosa alguna.* ¡Gloria a Dios! Esa es una gran compensación—perfecta y entera, sin carecer nada. Kenneth y yo hemos sido testigos de eso. Dios nos ha bendecido con toda bendición terrenal y celestial que hemos deseado y más aun. Sabemos por experiencia que la confianza sin temor en la Palabra de Dios causa que usted esté ''perfecta y totalmente desarrollado sin tener necesidad de nada'' (La *Biblia Amplificada*). Por supuesto, la Palabra solamente ha comenzado a producir en nuestras vidas todo lo que está disponible para nosotros. Apenas hemos raspado la superficie, pero vamos a *continuar raspando* diligentemente. Estamos dedicados a la Palabra de Dios.

Mirando atrás a las condiciones en las cuales nos encontrábamos—cuando descubrimos que la Palabra de Dios es verdad y que podemos depender de ella para satisfacer nuestras necesidades, es aparente que hemos avanzado bastante camino. Sin embargo, nos damos cuenta que eso ni siquiera es una mascadita de todas las cosas que Dios tiene para aquellos que Le aman a El y Su Palabra. Comenzamos sin nada—miles y miles de dólares en deuda; sin ninguna entrada fija; con deudas atrasadas; con amenazas de juicios; un automóvil Oldsmobile viejo; una casa de dos dormitorios arrendada cerca del Río Arkansas, amueblada con muebles "de Buena Voluntad."

Alguien dijo que no se debiera de saltar del bote a menos que esté listo a caminar en el agua. Se refería a usar su fe adonde usted se encuentra hoy. Cuando lo dijo, yo pensé, "Ese es muy buen consejo, pero Kenneth y yo *ya estábamos en el agua*, hundiéndonos cuando recién escuchamos las buenas nuevas de que la Palabra de Dios podía sacarnos." ¡La Palabra de Dios fue nuestro salvavidas! Hicimos la decisión de hacer exactamente lo que vimos en la Palabra de Dios. Hicimos la decisión de actuar en la Palabra de Dios, y comenzamos a buscar alguna Palabra sobre la cual actuar. ¡Qué experiencia bendita y maravillosa esta ha sido!

Nuestra vida ya no está limitada a lo que es común al hombre. Hemos aprendido a depender de lo sobrenatural—nuestro Padre—en lugar de los elementos miserables de este mundo. El sistema mundano está seriamente deficiente, pero el sistema celestial tiene la respuesta a cada necesidad. **El secreto de la Biblia para operar en el sistema celestial es actuar sin temor en la Palabra de Dios.** "No arrojéis vuestra confianza sin temor, porque trae en sí una gloriosa compensación de recompensa."

''Pero el justo vivirá por fe; y si es que él retrocede y se atemoriza, Mi alma no tiene ningún placer en él.'' El vivir por fe es tener cada aspecto de su vida dependiendo de la fe. El vivir de su vida debe ser hecho por fe— cada aspecto del vivir dependiendo de fe en la Palabra de Dios.

Si usted retrocede de la Palabra de Dios y se esconde en temor de que la Palabra de Dios no está obrando en su vida, Dios aún le amará, pero El no tendrá ningún **placer** en usted. *Pero sin fe es imposible agradar a Dios, porque es necesario que él que se acerca a Dios crea que Le hay, y que es galardonador de los que Le buscan* (Hebreos 11:6). Es imposible agradar a Dios sin fe. Si usted va a agradar a Dios, **usted debe operar en fe.** La fe no sólo cree que Dios existe, sino que Dios premia a aquellos que diligentemente Le buscan. ¿Por qué no toma Dios ningún placer en usted si es que acaso usted se retrocede en temor? Porque Dios toma placer en la prosperidad de Su gente. *No temáis, manada pequeña, porque a vuestro Padre Le ha placido daros el reino* (Lucas 12:32). **Al instante que usted retrocede en temor**, deja de operar en fe—deja de agradar a Dios, deja de creer que Dios es el galardonador. Cuando usted detiene la operación de la fe, usted cierra la puerta a la bendición de Dios. El Se agrada en su prosperidad y no en su derrota. *Canten y alégrense los que están a favor de Mi justa causa y digan siempre: Sea exaltado Jehová que ama la paz de Su siervo* (Salmo 35:27). Estos testimonios de la Palabra deben establecer en su pensamiento que Dios Se agrada en la prosperidad de Sus hombres del pacto.

Somos creyentes; no somos incrédulos. No somos de aquellos que retroceden y son destruidos. Somos creyentes, y por fe preservamos el alma. ''Por fe preservamos el alma'' no se refiere a la preservación del corazón del hombre (el espíritu) sino a la preservación del alma del hombre—su mente, su voluntad, sus emociones. La fe, sostenida por el poder de la paciencia, defiende y protege el alma de los ataques de Satanás y su presión de volver atrás en temor. La fe es la certeza de las cosas que creemos que hemos recibido. **La fe en la Palabra de Dios es nuestra prueba de que hemos recibido, aunque no podemos aun verlo con nuestros ojos naturales.** *Su alma es donde Satanás le ataca con todas sus dudas, derrota, y desanimo. La fe con paciencia preservará esa fortaleza y no le dará a Satanás ningún lugar en su vida.* **Usted tiene el poder de mantenerse tranquilo.**

Satanás ataca a cada creyente que intenta andar por fe. Usa las mismas tácticas en todos nosotros. El no tiene más derecho ni autoridad sobre uno más que otro. El no tiene nada más para usar en contra suyo de lo que ha usado en contra mía. *No os ha sobrevenido ninguna tentación que no sea humana; pero fiel es Dios, que no os dejará ser tentados más de lo que podéis resistir,* **sino que dará también juntamente con la tentación la salida,** *para que podáis soportar* (I Corintios 10:13). La tradición hace a este verso decir que Dios le dejará sufrir (individualmente, en cada tribulación) hasta que usted esté a punto de ser quebrantado; y cuando El está seguro que usted no puede tolerar más, El proveerá una respuesta que usted pueda tolerar.

Jesús dice que la tradición hace nula la Palabra. No estamos obligados a las tradiciones. Somos libres de examinar las Escrituras por el Espíritu de Dios.

SATANAS ESTA ATADO POR LAS LEYES DE DIOS. El no puede traerle ninguna tribulación que usted no puede vencer con la Palabra de Dios. El no tiene ningún arma que no está sujeta a la Palabra de Dios. Dios le ha dado a Satanás un ultimátum en lo que respecta tentarle a usted. Satanás ya está atado por las leyes de Dios. Dios no permitirá (dejará) a Satanás ir más allá del límite que él ha establecido en la tierra para probar su fe. Satanás no se atreve a ir más allá de lo que Dios le ha decretado, ni tiene tampoco el poder de ir y hacerlo. Usted es capaz de vencer y ser victorioso sobre cada tentación y tribulación. En la Palabra de Dios, usted ya ha sido dado la autoridad para vencer cada tentación y tribulación que Satanás puede traer contra usted (II Pedro 1:4). **Dios ya ha provisto una vía de escape.**

''Para que podáis soportarlo'' significa que, al estar firme con la paciencia encomendada en Hebreos 10:36, usted puede tolerar (soportar) la presión de Satanás a que no ceda a las circunstancias por esa presión—cumpliendo y logrando la voluntad de Dios, y así recibiendo lo que es prometido. *Bienaventurado el varón que soporta la tentación porque . . . recibirá . . .* (Santiago 1:12).

Nuestras Armas No Son Carnales

Pues aunque andamos en la carne, no militamos según la carne; porque las armas de nuestra milicia no son carnales, sino poderosas en Dios para la destrucción de fortalezas, derribando argumentos y toda altivez que se levanta contra el conocimiento de Dios, y llevando cautivo todo pensamiento a la obediencia a Cristo (II Corintios 10:3-5).

¡Nuestras armas no son carnales! Nuestras armas no están limitadas a lo que es común al hombre. Satanás está limitado y no puede traer ninguna tentación o tribulación en contra suya que no es común al hombre. El arsenal de armas de Satanás está limitado, pero **nosotros** no estamos limitados en lo que es común al hombre. Las armas de nuestra milicia son poderosas a través de Dios para derribar las fortalezas. Tenemos el poder de Dios detrás nuestro. ¿Cuáles fortalezas son aquellas que nuestras armas son tan poderosas para derribar? ¡Las de Satanás! Mientras Satanás está limitado en su ataque en contra suya, usted está respaldado por el poder de Dios, y todo lo que Satanás puede hacer no logra debilitar la habilidad de Dios y Su poder.

La misma palabra griega *peirasmos* es traducida como ''tentaciones, pruebas, y tribulaciones.'' Cuando Satanás le tienta (presiona) para que usted se aleje de la Palabra de Dios, está probando su fe (Santiago 1:3). Debido a Satanás, usted tiene la oportunidad de probar (también la misma palabra griega) que usted cree que la Palabra de Dios es verdad. Satanás puede desafiar la Palabra de Dios, ¡pero la Palabra de Dios puede pasar la prueba!

Santiago 1:14 dice que *cada* hombre es tentado cuando es atraído por sus propias concupiscencias. Cuando Santiago dice ''cada hombre,'' eso no le excluye a usted. Usted es tentado cuando se aleja de la Palabra de Dios. *La lascivia es un deseo inconsistente con la voluntad de Dios, la cual es la Palabra de Dios; la lascivia es de la mente* (W. E. Vine). Satanás intenta de atraerle (seducirle) a que se aleje de lo que la Palabra de Dios dice. Para que Satanás logre cualquiera cosa de usted por medio de la tentación, él debe primero alejarle de la Palabra de Dios. *Pero pida con fe, no dudando nada* (Santiago 1:6).

Si usted rehusa de dar lugar en su mente y con sus palabras a aquello que es contrario a la Palabra de Dios, las tentaciones, pruebas, y tribulaciones de Satanás no pueden influenciar sus asuntos. Satanás no puede obrar en su vida aparte del temor como tampoco Dios no puede obrar en usted sin su fe. Si usted rehusa de temer que la Palabra de Dios no obrará, no le deja nada a Satanás con qué trabajar. El tiene que tener su cooperación y su consentimiento. Si usted está fiel y firmemente sujeto a la Palabra de Dios, puede contar todo esto como gozo cuando se halle en diferentes tentaciones (Santiago 1:2). No le van a afectar a usted.

No peleamos en la carne. Si la guerra no es en la carne, ¿dónde es? ¿Dónde están las imaginaciones? ¿Dónde están los pensamientos? EN LA MENTE. La mente es escrituralmente llamada ''el alma.'' El alma de un hombre es su mente, su voluntad, y sus emociones. Los ataques de Satanás contra nosotros son en esta área del alma. A través de la mente, la voluntad, y las emociones, Satanás ataca otras áreas de la vida. La mente es donde la puerta a Satanás se abre o se cierra. Es como el pasillo de entrada de una casa donde la entrada al resto de la casa es aceptada o rechazada.

El hombre es un espíritu. Tiene un alma. Vive en un cuerpo (I Tesalonicenses 5:23). Cuando usted hizo a Jesús el Señor de su vida, usted—el espíritu—fue recreado y hecho en una nueva criatura (II Corintios 5:17). Su alma y cuerpo permanecen lo mismo. El espíritu del hombre es hecho que tenga dominio sobre la mente y el cuerpo. La Biblia nos dice que la mente debe ser renovada por la Palabra de Dios y el cuerpo debe ser traído bajo sujeción a la Palabra de Dios. *Así que, hermanos, os ruego por las misericordias de Dios, que presentéis vuestros cuerpos en sacrificio vivo, santo, agradable a Dios, que es vuestro culto racional. No os conforméis a este siglo, sino transformaos por medio de la renovación de vuestro entendimiento, para que comprobéis cuál sea la buena voluntad de Dios, agradable y perfecta* (Romanos 12:1-2). Aquí dice *hermanos*. Está escrita a creyentes. Debemos de presentar nuestros cuerpos como un sacrificio vivo. No debemos conformarnos a este mundo, sino debemos ser transformados por la renovación de nuestras mentes.

Los cristianos que no conocen lo que la Palabra de Dios dice acerca de ellos están incapacitados para vivir y gozar los privilegios que ya les pertenecen. Sus mentes nunca han sido renovadas para caminar en el Espíritu; por lo tanto, continúan andando tras los dictados de su carne o su cuerpo (Gálatas 5:16-17). Pero cuando la mente es renovada por la Palabra de Dios, la vida exterior es transformada.

Los ataques de Satanás son en el área del alma: La mente que no ha sido renovada con la Palabra de Dios no sabe que tiene una opción en vez de recibir todo lo que Satanás le está ofreciendo. La mente no regenerada no sabe que hay una alternativa. Un creyente tiene a su disposición todas las armas espirituales en el arsenal del cielo, pero si es que su mente nunca ha sido renovada, no sabe que hay un arsenal, mucho menos como usar esas armas. El queda a la misericordia de Satanás, y Satanás no tiene misericordia. ¡Qué posición más lastimera la de un creyente a quien se le ha dado toda autoridad y poder! "¿Por qué le pasó esto a la Hermana Smith? Ella era muy buena cristiana." La respuesta a este *¿por qué?* es siempre *incredulidad*. La Biblia nos dice *porque* la gente de Dios están enfermos, en bancarrota, atormentados por el temor, oprimidos, y *porque* ellos mueren jóvenes. *Mi pueblo fue destruido porque le faltó conocimiento* (Oseas 4:6).

Satanás obra en usted en la misma forma como obró en Eva. El procura de desacreditar la Palabra de Dios en su mente. El no tiene autoridad. I Pedro 5:8 dice que Satanás anda alrededor como un león rugiente buscando a quien pueda devorar. El habla grande y elocuentemente, pero una farza es todo lo que él hace. Note que dice que él anda *como un león rugiente*. No dice que es uno. ¡Jesús es el León de la tribu de Judá! El es nuestro Señor. Jesús llamó a Satanás un mentiroso y que no hay verdad en él. ". . . porque no hay verdad en él. Cuando habla una mentira, habla de sí mismo porque es un mentiroso y el padre de la mentira." Satanás concibe mentiras y es un experto en eso. La decepción es todo lo que él tiene para usar en contra del cuerpo de Cristo.

Hay un antiguo proverbio que dice, "Donde hay humo, hay fuego," pero esto no se aplica a Satanás. Satanás es PURO humo. Hoy en día usamos la frase "echando humo." ¡Eso es todo que Satanás está haciendo! El está "echando humo" para hacerle creer que la Palabra de Dios no es verdad. **El tiene que engañarle a usted para poder usar su propia autoridad en contra suya.**

SATANAS QUIERE SUS PALABRAS. Para poder tener éxito, él tiene que engañarle para que pronuncie palabras que detendrán su fe. El trabaja en su mente, su voluntad, y sus emociones para lograr el resultado deseado. Una vez que usted se dé cuenta de como Satanás le está engañando, no hay ninguna razón para que usted continúe permitiéndole que use la misma bolsa de trucos una y otra vez. El sólo tiene una bolsa. El usa las mismas tácticas una y otra vez. Usted debe usar las armas de su milicia tan persistentemente como Satanás usa las de él.

Jesús nos dice que cuando la Palabra es plantada, Satanás viene inmediatamente y roba la Palabra que ha sido plantada en el corazón. Satanás va a probar su fe cuando usted permanece en la Palabra. El viene a influenciarle a usted para decir lo que él desea que ocurra. Esto es contrario a lo que usted cree que ha recibido. Cuando Satanás viene a robar la Palabra de su corazón, no le deje. Manténgase firme en la Palabra, y no sea movido por la presión para ceder. Satanás puede hacer *solamente* lo que usted dice. *Satanás está atado por las leyes de Dios*. Está atado por la ley de Dios que dice que usted puede tener todo lo que usted diga.

Y despojando a los principados y a las potestades, los exhibió públicamente, triunfando sobre ellos en la cruz (Colosenses 2: 15). Jesús desnudó a Satanás de la autoridad y poder que Adán le dio. La *Biblia Amplificada* dice, "El desarmó a los principados y potestades que estaban contra nosotros." *La Traducción de Moffatt* habla de "los poderes destronados" que gobiernan este mundo (I Corintios 2: 6). ¡Satanás está destronado! *Así que ¿cómo ejercita él control sobre la vida de los hombres?* A través de la ignorancia. La mayoría de la gente no sabe que Satanás ha sido destronado. Una vez que usted reconoce que él es un ente derrotado y que usted ha recibido autoridad sobre él en el nombre de Jesús, usted se da cuenta que Satanás *solamente* puede hacer lo que usted le permite hacer. Usted tiene el poder y la autoridad de no darle ningún lugar en su vida.

Satanás opera en el ambiente del alma. Su alma está compuesta de su mente, voluntad, y emociones. Cuando Satanás trae presión a su mente, use el nombre de Jesús para derribarlo. Como está destronado, él tiene que someterse al nombre hablado en fe de los labios de un creyente (otra ley de Dios a la cual Satanás está atado). Si Satanás está atacando su mente con duda, temor, o desaliento, háblele en el nombre de Jesús y ordénele que cese esa operación en contra suya. "Temor, en el nombre de Jesús, rompo tu poder de operar contra mí, y te ordeno que abandones mi presencia."

En un ataque típico de temor, Satanás le presionará a aceptar esto: "Tú no te vas a sanar esta vez. Tú no tienes un dolor de cabeza como pensabas; tienes un tumor en el cerebro. Te vas a morir. Te ha llegado la hora. ¡Pánico! ¡Ve por ayuda! ¡Llama al médico! Díle que crees que tienes un tumor en el cerebro."

¡Uf! ¿Puede ver usted cómo ese rata opera? La Palabra de Dios dice que Jesús llevó nuestras enfermedades y llevó nuestras dolencias, y por Sus llagas fuimos curados. Satanás ha reemplazado la Palabra de Dios con temor de enfermedad. Si usted cae en sus trampas y dice que cree que tiene un tumor en el cerebro, usted ha permitido que Satanás le robe la Palabra de Dios de su corazón.

Usted puede pensar que es obvio que Satanás está resueltamente intentando engañarle, pero esto no es tan obvio a un hombre que no está familiarizado con la forma de operación de Satanás—y tampoco piensa tan racionalmente cuando su cabeza parece partirse con dolor. Satanás puede haber estado trabajando en esa persona por nueve meses para que reciba un tumor en el cerebro.

Obviamente, Satanás tratará de venderle a usted algo que piensa que usted comprará. El le conoce a usted. El ha trabajado en usted por años. Conoce su historia personal. Tal vez usted compraría un ataque al corazón. "Eh, amigo, eso no es indigestión. Vas a tener un ataque al corazón. ¿Sientes aquel dolor en el brazo? Es un síntoma de un ataque al corazón. Estás sobrepesado.

Has estado bajo presión. (El debe saber, porque es de allí de donde viene la presión.) Te has estado preocupando acerca de tus finanzas día y noche. Esto ya es demasiado para el corazón. Tú sabes que está designado a cada hombre que tenga que morir. Prepara tus asuntos y déjalos en orden. No tienes mucho tiempo para vivir. No quieres dejar a tu esposa todo este problema.''

Satanás es un ente cruel y sin misericordia. No le importa si usted tiene tres años de edad, sesentaitrés, o noventaitrés. Su ambición es matar, robar, y destruir. El lo hará si usted lo deja. Satanás le presionará a actuar en temor, y luego le condenará a usted por hacerlo. El le empujará a usted a una esquina hasta que actúe en sus demandas, y luego él le atacará. El le traerá a usted bajo condenación y la usará contra usted tanto como usted lo deje.

Usted necesita darse cuenta que una cosa lleva a otra cuando coopera con Satanás. El intentará de hacer que usted vaya más y más profundo. El nunca juega limpio. El no conoce lo que es ''justo.'' Satanás es un individuo totalmente corrompido, malvado, y sadístico. No hay palabras humanas que puedan describirlo adecuadamente. No se preste a servirle a él. Rehuse de actuar en temor. No coopere con Satanás. No coopere con temor. No coopere con la duda. No coopere con el desaliento. Rehuse de actuar a las demandas de Satanás.

SATANAS BUSCA SUS PALABRAS. SATANAS BUSCA SUS PALABRAS. SATANAS BUSCA SUS PALABRAS. SATANAS BUSCA SUS PALABRAS. SATANAS BUSCA SUS PALABRAS. ¿Comprendió usted esto? SATANAS BUSCA SUS PALABRAS. El tiene que tenerlas para poder operar contra usted.

8
Derrote los Ataques de Satanás

El primer paso en derrotar el ataque de Satanás contra usted es **tomar la decisión que no va a permitir que él cambie su confesión de fe que usted cree que recibió cuando oró.** ¡LA DECISION! La decisión es el ejercicio de su voluntad. El diccionario define "la voluntad" como "un fuerte propósito, intención, o determinación." Isaías dice que si usted está *dispuesto* y obediente, comerá de la abundancia de la tierra. Haga una decisión irrevocable de estas cosas: **La Palabra de Dios es verdad. Yo actuaré solamente en fe. Hablaré solamente en fe. Yo recibiré.**

Una confesión sin temor viene de una mente guiada por la Palabra. Haga la decisión de derribar imaginaciones y toda cosa que se exalte contra la Palabra de Dios. Haga la decisión de traer a cautividad cada pensamiento a la obediencia de Cristo. *Ni deis lugar al diablo* (Efesios 4:17). Su mente es donde usted primero debe elegir si le va a dar lugar a Satanás o si lo va a resistir de acuerdo a Santiago 4:7. La *Biblia Amplificada* dice, "Sujetaos a Dios—permaneced firmes contra el diablo; resistidlo, y él huirá de vosotros."

Debemos de estar sujetos a Dios y Su Palabra. Usted no puede estar sujeto a Dios y al mismo tiempo obedecer los dictados de Satanás. Usted va a obedecerle al uno o al otro. Usted va a actuar en la Palabra de Dios y creer que ha recibido, o va a actuar en temor y duda, aquella que Satanás está presionando contra usted a recibir en su mente.

La decisión de su voluntad—de permanecer y continuar permaneciendo, sin importar las tácticas de Satanás y su presión—le permitirán lograr la voluntad de Dios de recibir y obtener lo prometido. **Su decisión causará que el poder de la paciencia afirme su fe.** La paciencia es la calidad que no se rinde a las circunstancias. La paciencia opera en SU voluntad. No opera para usted bajo la voluntad de nadie más, ni siquiera de Dios. **Usted** determina su voluntad en una situación.

No esté dispuesto a recibir ninguna imaginación o cosa alta que Satanás levante contra el conocimiento de la Palabra de Dios. Si la Palabra de Dios dice que usted tiene la respuesta, no permita que Satanás se la quite a usted. *La voluntad* y *el deseo* difieren en este punto: el desear es querer algo; la voluntad es determinar que va a recibir algo.

Jerry Savelle llama esta decisión de su voluntad "una actitud mental correcta." Dice que la correcta actitud mental es vital cuando Satanás está probando su fe. Da a Sadrac, Mesac, y Abednego como ejemplos. Ahora, estos tres hombres sabían que tenían un pacto. Ellos dijeron, "Rey, nuestro Dios a quien servimos es capaz de librarnos del horno ardiendo, y El nos librará de tu mano. Pero no serviremos tus dioses ni adoraremos la imagen de oro." Ellos creyeron que Dios los iba a librar y rehusaron comprometer su pacto con Dios doblando su rodilla a otro dios. **Ellos no se inclinaron, y no se quemaron.** No había ningún compromiso en ellos. Fueron al fuego completamente convencidos que saldrían de allí.

Oh, el fuego estaba caliente—tan caliente que los hombres que los pusieron allí en el horno fueron muertos por el calor. ¡Pero Sadrac, Mesac, y Abednego eran

hombres del pacto! *Y se juntaron los sátrapas, los gober-
nadores, los capitanes, y los consejeros del rey, para mirar a
estos varones, cómo el fuego no había tenido poder alguno
sobre sus cuerpos, ni aun el cabello de sus cabezas se había
quemado; sus ropas estaban intactas, y ni siquiera olor de fuego
tenían* (Daniel 3:27). (El verso 28 es un ejemplo de los
ángeles cumpliendo el pacto.)) ¿No es eso fascinante?

Cuando usted encuentra tentaciones, pruebas, y tribulaciones, **¡esté determinado** a salir sin ni siquiera el
olor de la derrota! Esta es la actitud mental correcta.

El segundo paso en detener el ataque de Satanás para
derrotar su fe es RESISTIR AL DIABLO. **Usted lo resiste
con las palabras de su boca de la misma manera como
se somete a él.** *Someteos, pues, a Dios; resistid al diablo, y
huirá de vosotros* (Santiago 4:7). Usted se ha sometido a
obediencia a la Palabra de Dios; por lo tanto, rehuse recibir o dar pensamiento a nada que se exalte a sí mismo en
contra de la Palabra de Dios que dice que usted tiene las
peticiones que usted desea de El.

Haga lo que mi hija me hizo cuando tenía tres años de
edad. Le dije, ''Kellie, recoge tus juguetes.'' Ella respondió mientras se alejaba caminando, ''Eso no es mi
pensamiento.'' Esa es la forma como usted tiene que decirle a Satanás. Si es que es duda, derrota, o desanimo,
dígale, ''¡ESOS NO SON MIS PENSAMIENTOS!''

No le dé a la incredulidad ningún lugar en su voluntad, mente, o emociones. Pensamientos que le roban a
usted son pensamientos de duda, derrota, desaliento,
necesidad, enfermedad, y temor. Estos son siempre ataques de Satanás. Rehuse entretener pensamientos que
atacan su fe en la Palabra de Dios. Jesús dijo, *En Mi nombre echarán fuera demonios* (Marcos 16:17). Filipenses 2:
9-11 dice, *Por lo cual Dios también Le exaltó hasta lo sumo, y
Le dio un nombre que es sobre todo nombre, para que en el
nombre de Jesús se doble toda rodilla de los que están en los
cielos, y en la tierra, y debajo de la tierra; y toda lengua con-
fiese que Jesucristo es el Señor, para gloria de Dios Padre.* **La
rodilla de Satanás se debe doblar al nombre de Jesús**

hablado en fe por un creyente. El nombre de Jesús es un arma poderosa en el arsenal del cielo—paraliza a Satanás.

Hable en voz alta y diga todo lo que sea necesario para detener el ataque mental de Satanás. "Satanás, en el nombre de Jesús, te resisto y te ordeno que tú detengas tus maniobras contra mí y la Palabra de Dios. No toleraré duda ni incredulidad. Te ato de operar en contra de mi mente. No recibiré ninguna cosa contraria a la Palabra de Dios. Huye de mi presencia. Te arrojo afuera en el nombre de Jesús."

O diga esto: "Dolor, en el nombre de Jesús, te ordeno que te salgas de mi cuerpo. No permitiré nada en mi mente o cuerpo que sea contrario a la Palabra de Dios. Resisto enfermedad en el nombre de Jesús."

Diga, "Necesidad, te hablo en el nombre de Jesús. Te ordeno que te salgas de mi vida. Rompo tu poder sobre mis asuntos y te prohibo que operes contra mí. Jesús vino para que yo tuviera vida y que la tuviera más abundante. Estoy dispuesto y obediente de acuerdo a la Palabra de Dios a comer de la abundancia de la tierra. *No estoy* dispuesto a vivir en necesidad. Estoy dispuesto a vivir en abundancia. Soy un heredero de la promesa de Abraham. Yo soy bendecido financieramente en abundancia."

Cualquiera cosa que usted necesite para librarse, háblelo en voz alta en el nombre de Jesús y ordénelo que ocurra. Hable el resultado que usted desea. SATANAS SOLO PUEDE HACER LO QUE USTED DICE. Si usted le dice, "¡HUYE!" se va. Si está de acuerdo con él en contra de la Palabra de Dios, él permanece.

No le entregue su vida de pensamiento a la tentación de Satanás. No habite en sus amenazas; sencillamente repróchelas. *La preocupación* es meditar en las palabras del diablo. No tolere eso. Medite en las palabras de Dios. Resista al diablo y resístale rápidamente. No le

permita que se continúe paseando a su alrededor, opri-
miendo su mente. Al primer síntoma de incredulidad,
ordénele a Satanás que huya. Al primer síntoma de
enfermedad, actúe en la Palabra de Dios y resista la
enfermedad en el nombre de Jesús. Al primer síntoma
de necesidad, ordénele que se vaya. No procrastine en
cosas espirituales. Actúe inmediatamente a la primera
señal de tentación. NI TAMPOCO DE LUGAR AL
DIABLO.

El tercer paso en derrotar el ataque de Satanás es
DARLE SU ATENCION A LA PALABRA DE DIOS. De
acuerdo a Proverbios 4:20-23, *Hijo mío, está atento a Mis*
palabras; inclina tu oído a Mis razones. No se aparten de tus
ojos; guárdalas en medio de tu corazón, porque son vida a los
que las hallan y medicina a todo su cuerpo. Sobre toda cosa
guardada, guarda tu corazón, porque de él mana la vida.
Mientras más atención usted presta a la Palabra de Dios,
más fáciles serán los otros pasos necesarios para resistir
los ataques de Satanás.

Déle su atención a la Palabra de Dios. Haga que sus
oídos escuchen la Palabra de Dios. Mantenga la Palabra
de Dios frente a sus ojos y en el medio de su corazón.
Satanás intentará de desviar su atención de la Palabra a
la circunstancia. La Palabra de Dios dice que la abundancia le pertenece a usted. Satanás dice que no es así. Mire
y vea. Cuando usted está creyendo por fe, sus circunstancias usualmente van a estar de acuerdo con Satanás—
y también sus amigos. Satanás quiere que usted ponga
su atención sobre las cosas que están de acuerdo con él.
Recuerde, la paciencia es la calidad que no se rinde a las
circunstancias. La manera de como usted evita ser
movido por lo que usted ve, y por las circunstancias
negativas que le rodean en su lucha de fe, es continuamente prestar su atención a la Palabra de Dios.

Satanás constantemente le envía mensajes que dicen,
''Tú no tienes la respuesta, y no vas a obtenerla.'' Puede
usar a alguien que le llame por teléfono, que golpee a su

puerta, que le escriba una carta, o que se lo diga por medio de la televisión, o sencillamente hablará de dudas a su mente. El está continuamente vendiendo duda, derrota, e incredulidad. El está desesperado. Tiene que hacer una venta, o su comisión es "0." EL QUIERE SU ATENCION LEJOS DE LA PALABRA DE DIOS. Si logra maniobrar su atención de la Palabra de Dios, lo siguiente que va a hacer es comenzar a hablar palabras que detendrán su fe. Por otra parte, si usted mantiene su atención en la Palabra de Dios, él no logra tener ni una entrada. Usted rehusa de ser arrastrado desde la Palabra de Dios (Santiago 1:14). Usted no le da a Satanás ningún lugar. Usted está continuamente meditando en lo que la Palabra de Dios dice, y está mirándola con sus ojos y escuchándola con sus oídos. El le envía una "carnada de duda," y usted dice, "No, yo resisto eso. Es contrario a la Palabra de Dios."

¿Cómo logra Satanás venderle sus malas noticias?

Por medio de sus sentidos—por lo que usted ve, oye, y siente. Los Proverbios dicen que usted debe mantener sus oídos escuchando la Palabra y mantener sus ojos mirando a la Palabra. ¡Oh, eso lo hace tan difícil que Satanás logre manipularlo!

Rehuse ser movido por lo que usted ve—sea movido sólo por lo que la Palabra de Dios dice.

Rehuse ser movido por lo que usted oye—sea movido sólo por lo que la Palabra de Dios dice.

Rehuse ser movido por las circunstancias—sea movido sólo por lo que la Palabra de Dios dice.

Rehuse ser movido por lo que usted siente—sea movido sólo por lo que la Palabra de Dios dice.

Haga que todos los testimonios de derrota, duda, y falla de Satanás reboten de usted como una pelota de goma en la acera. Ni siquiera les preste atención. Mantenga sus ojos fijos en la Palabra.

Por tanto, no desmayamos . . . no mirando nosotros las cosas que se ven, sino las que no se ven; pues las cosas que se ven son temporales, pero las que no se ven son eternas (II Corintios 4:16, 18). Usted no desmayará si mira lo correcto. Esta Escritura dice de no mirar a las cosas que usted puede ver con aquellas dos cosas a cada lado de su nariz y entre sus orejas.

Se nos amonesta a mirar las cosas que no se ven. *¿Cómo puedo mirar a las cosas que no se ven?* A través del ojo de su espíritu—del ojo de fe (Efesios 1:18). El ojo de fe mira al mundo del espíritu en lugar del mundo natural. El ojo de fe ve solamente el pacto. La Palabra de Dios es evidencia al ojo de fe donde las circunstancias son evidencias al ojo natural. El ojo de fe ve que los ángeles están trabajando y que Satanás está atado. El ojo de fe ve lo que Dios ve de acuerdo a Su Palabra.

El aprender a gobernar sus asuntos de acuerdo al ojo de fe causará que usted prospere en todo lo que hace. Eso es lo que Dios le estaba enseñando a Josué. *Nunca se apartará de tu boca este libro de la ley, sino que de día y de noche meditarás en él, para que guardes y hagas conforme a todo lo que en él está escrito; porque entonces harás prosperar tu camino, y todo te saldrá bien* (Josué 1:8). **Usted** hace prosperar su camino. Las palabras de su boca le *hacen* prosperar su camino.

Aprenda a mirar a través de ese tercer ojo—el ojo de fe.

Usted puede llegar a un lugar donde usted casi automáticamente *depende* del ojo de fe más que lo que usted ve con su ojo natural. Llegará a ser como una segunda naturaleza el confiar en el ojo de fe *más* que su ojo natural. Esto también es escritural. *Pero el alimento sólido es para los que han alcanzado madurez, para los que por el uso tienen los sentidos ejercitados en el discernimiento del bien y del mal* (Hebreos 5:14).

Sí, sus sentidos pueden ser entrenados en la Palabra de Dios. Son entrenados por la práctica—la práctica de continuamente demandar de ellos que actúen sobre la Palabra de Dios. Al comienzo, sus ojos naturales arguirán y dirán, "¡No, no es así! ¡No, no es así! Mira . . . mira. ¡No es así!" Pero después de un tiempo, ellos se reajustarán y se callarán, como que dijeran, "No lo veo, pero por experiencia sé que debe ser así si es que la Palabra así lo dice."

Sí, como mi hijo Juan dijo después del servicio una noche cuando era un niño pequeñito, "Gracias a Dios, Papá, de que tenemos tres ojos. Estoy tan feliz que tenemos tres ojos." El acababa de escuchar acerca del ojo de fe—¡el ojo que solamente ve lo que la Palabra de Dios dice!

Usted llegará al lugar donde *nunca dudará*.

USTED ESTA GUARDANDO LA PALABRA EN EL CENTRO DE SU CORAZON. Está viva y obrando. Los frutos del Espíritu están continuamente emanando de su espíritu—amor, gozo, paz, paciencia, fe, bondad, benignidad. . . . ¿Cómo puede Satanás encontrar algún lugar allí? Estas fuerzas vienen desde el espíritu humano. Proverbios 4:23 dice que debemos de guardar nuestro corazón con toda diligencia porque de allí mana la vida. Sea diligente en guardar su corazón lleno de la Palabra de Dios.

Cuando usted está en una buena reunión por tres o cuatro días escuchando la Palabra de Dios diariamente, usted puede sentir a su espíritu lanzando esas fuerzas. Usted está tan fuerte espiritualmente, y la Palabra de Dios está trabajando en usted de tal manera que **usted ni siquiera considera ser derrotado**. Su corazón está lleno de la Palabra de Dios. La razón por la cual usted está tan fuerte es que por varios días usted ha estado prestando atención día y noche a la Palabra de Dios. Su espíritu se está levantando dentro de usted, trayéndole lo que usted necesita.

"Guarda sobre todas las cosas, guarda tu interior para que vivas y prosperes; evita toda palabrería de maldad y aleja palabras necias" (Proverbios 4:23-24, *Moffatt*). El guardar su corazón logrará sanar su cuerpo, hacerle que prospere, que usted ande en sabiduría, y que ande en fe.

Estudie la Palabra por sí mismo. Use cintas, reuniones, cartas, libros, todo lo que usted necesite para alimentar su espíritu con la Palabra de Dios. **Sea diligente en mantener su corazón lleno de la Palabra de Dios.** Es difícil para Satanás captar su atención cuando usted está lleno con la Palabra de Dios. Ni siquiera tenga tiempo de prestar atención a las malas noticias porque usted está pensando acerca de la Palabra de Dios. ¡Usted no puede pensar dos cosas al mismo tiempo!

El cuarto paso en vencer la tentación de Satanás de recibir la derrota a su fe es REHUSAR DE HABLAR PALABRAS CONTRARIAS A LO QUE USTED CREE QUE HA RECIBIDO.

Continuamente hable la Palabra de Dios frente a la adversidad. Satanás busca sus palabras porque él las puede usar en contra suya. Rehuse permitirle que influencie sus palabras. Hable palabras de fe. Hable el resultado final. Hable palabras de éxito. Hable palabras de abundancia. Hable palabras de sanidad. Usted tendrá lo que usted dice. **Haga que sus palabras estén de acuerdo con lo que usted desea que ocurra.**

El arma más poderosa de Satanás en contra de la fe es el temor. Quitémosle la envoltura al temor y veamos de qué es lo que se debe temer. El diccionario define "el temor" como "aquello, lo cual es causado por la intimidación de los adversarios." "Intimidar" significa "forzar o amenazar con amenazas de violencia."

¿Cómo usa Satanás el temor? El viene a desafiar lo que usted ha creído de la Palabra de Dios. **El le presiona a usted con amenazas para hacerle temer de confiar en la Palabra de Dios.**

"Intimidar" significa "hacerlo tímido" o "hacerlo acobardarse." El bombardea su mente con incredulidad hasta que usted comienza a pensar, "¿Qué es lo que me va a ocurrir si es que acaso la Palabra de Dios no funciona?'' El intenta de hacer que el temor a las consecuencias de fallar sean tan grandes y tan pesadas sobre su mente que usted se va a desanimar y nunca más va a tener el deseo de levantarse con fe determinada.

Aprenda a responder cada duda inmediatamente con la Palabra de Dios. Aprenda a responder cada temor con la Palabra de Dios. La Palabra de Dios causará que el temor caiga a sus pies. Aprenda a combatir con la Espada del Espíritu, el cual es la Palabra de Dios (Efesios 6: 17). La Espada del Espíritu no es carnal, sino poderosa por medio de Dios para derrumbar fortalezas. Sea como Jesús cuando El estaba siendo tentado y dijo, *Está escrito.* Jesús estaba estableciendo Su pacto como la simiente de Abraham. Satanás no tenía ninguna defensa contra la Palabra de Dios.

Todo lo que Satanás puede hacer es intentar de convencerle que la Palabra de Dios no obrará para usted. Rehuse de actuar en temor. El temor es el arma de Satanás. No coopere con Satanás. *Porque no nos ha dado Dios espíritu de temor, sino de poder, de amor, y de dominio propio* (II Timoteo 1:7).

Rehuse de permitir que Satanás le intimide a usted con amenazas. El *solamente* puede hacer lo que usted dice. El no tiene autoridad sobre usted a menos que usted se la dé. Mientras usted no le dé lugar, él no puede cumplir ninguna de sus amenazas. Es cuando usted se pone tímido y temeroso con las palabras de su boca cuando Satanás logra la victoria. No permita que el temor le haga a usted comprometerse. Lo que usted se compromete a guardar, lo perderá. Si usted no compromete la Palabra de Dios, Satanás no tiene poder para causarle a usted daño. *¡Si usted no se inclina, no se quemará!* Satanás no puede herirle a usted si usted no tiene temor, tanto como Dios no puede bendecirle a usted si usted no tiene fe. Satanás está atado por su pacto con Dios cuando usted confía que ese pacto producirá en su vida. *Jehová está conmigo; no temeré* (Salmo 118:6).

Apague el temor con la Palabra de Dios. *En el amor no hay temor, sino que el perfecto amor echa fuera el temor; porque el temor lleva en sí castigo. De donde él que teme, no ha sido perfeccionado en el amor* (I Juan 4:18). *Y este es el amor, que andemos según Sus mandamientos. Este es el mandamiento: que andéis en amor, como vosotros habéis oído desde el principio* (II Juan 6). El perfecto amor echa afuera el temor. Satanás no puede mover el perfecto amor con el temor de fallar: *"¿Qué es lo que me va a pasar si es que acaso la Palabra de Dios no funciona?"* El amor es actuar en la Palabra de Dios. "Y este es el amor, que andemos en obediencia a Sus mandamientos." El amor ya ha hecho la decisión de ser obediente al Padre sin importar las circunstancias. El amor dice, "No me rebelaré contra la Palabra de mi Padre." El amor sabe que la Palabra de Dios siempre traerá éxito y nunca fallará.

El amor no tiene temor. El amor guarda el pacto. El amor no tiene razón de temer porque el amor sabe que Dios **establecerá** Su pacto con los herederos de la promesa que creen. El amor sabe que el Dios que guarda el pacto no falla. No hay temor en el amor porque no hay temor en la fe. *No temas, Abraham, porque Yo soy tu escudo y tu galardón será sobremanera grande* (Génesis 15:1).

Si usted permite que el temor opere en contra suya, usted puede esperar que el desaliento venga después. El "desaliento" significa "la pérdida del coraje de la confianza y de la esperanza." Es lo opuesto a la paciencia. Oh, si le da a Satanás un centímetro, él se tomará un kilómetro. ¡Invítelo a cenar, y él traerá sus pijamas consigo! A menos que usted planee vivir una vida derrotada o estar sujeto a Satanás en lugar de Dios, usted va a tener que resistir a Satanás en alguna parte. Y mientras más pronto usted resista la tentación, más fácil va a ser. Mientras más usted espere en ejercer su autoridad, más profundamente Satanás se atrincherará en sus asuntos. *Si usted entretiene el temor, Satanás le bendecirá con desaliento.* El desaliento siendo lo opuesto de la paciencia, no tiene esperanza. El desaliento entra para

117

convencerle que no hay ninguna salida—caso perdido. *Debe rendirse. Ni siquiera intente a resistir. La Palabra de Dios no obrará.* El desaliento dice, ''¿Por qué? ¿Por qué esto me pasó a mí? Yo he servido a Dios. Yo . . . yo . . . yo . . . yo. . . .''

El *GRAN YO* abre la puerta a la autocompasión. Esta compasión de sí mismo dice, ''Has sido tan maltratado. Tus seres queridos no se interesan por tí.'' Si usted se traga eso, entonces la autocompasión dirá, ''Dios tampoco Se preocupa por tí. Si El lo hiciera, no permitiría que estés en esta situación.'' *¿No le permitiría que entre en esta situación?* La Primera carta de Juan 5:18 dice, ''Pues aquel que es engendrado por Dios se guarda a sí mismo, y el maligno no le toca.'' Mi amigo, si usted está en mala situación, USTED mismo fue quien la atrajo sobre sí. Dios ha estado haciendo todo lo posible para que usted por lo menos tome Su Palabra como su liberación y suelte su fe en el pacto. El está listo para establecer Su pacto con usted en su generación. Ande en la fe de Abraham, y usted andará en la bendición de Abraham (Romanos 4:16).

No permita que Satanás avance tanto en una tentación o una prueba. Deténgale antes que él tenga tiempo de moverse a desafiar su fe. Si usted torpemente le ha permitido venderle duda e incredulidad, **comience a actuar en la Palabra aunque le guste o no.** Póngala frente a sus ojos; haga que sus oídos escuchen la Palabra de Dios. Permita que la Palabra comience a operar en su espíritu. Si acaso necesita ayuda de afuera, llame a una persona de fe, pero no continúe atemorizándose en derrota bajo el dominio de Satanás cuando Jesús pagó el precio por su libertad.

¡Tenedlo Todo Por Gozo!

Hermanos míos, tened por sumo gozo cuando os halléis en diversas pruebas, sabiendo que la prueba de vuestra fe produce paciencia. Mas tenga la paciencia su obra completa, para que seáis perfectos y cabales, sin que os falte cosa alguna (Santiago 1:2-4).

Tenedlo todo por gozo. ¿Por qué? Porque esta es una oportunidad más para usted probar que la Palabra de Dios obra. Usted tiene un pacto con Dios. Usted tiene autoridad sobre Satanás. Usted tiene el nombre de Jesús y los dones del Espíritu. Aquel que está dentro de usted es mayor que aquel que está en el mundo. Sus armas son poderosas por medio de Dios para derrotar las fortalezas de Satanás. Estas pruebas y tribulaciones serán como las otras en las cuales la Palabra de Dios le trajo a usted la victoria. Usted sabe que cuando suelta su fe, Satanás intenta de engañarle y hacerle cambiar sus palabras de fe del éxito a la derrota, de la salud a la enfermedad, y de la abundancia a la pobreza. Usted sabe quien es su enemigo, como le tienta, y qué es lo que usted debe hacer acerca de eso.

Tenedlo todo por gozo porque usted sabe que la prueba de su fe obra (ejercita) la paciencia. Las pruebas no le causan que usted tenga paciencia; causan que usted use o trabaje la paciencia que tiene. Usted ha hecho una decisión de su voluntad de permanecer en fe hasta que los resultados sean visibles. El poder de la paciencia está operando en su vida. **La paciencia tendrá su obra completa, para que seáis perfectos y cabales, sin que os falte cosa alguna.** Usted no será movido de la Palabra de Dios. Su paciencia no cederá a las circunstancias ni sucumbirá a la prueba. *¡Usted deberá tenerlo todo por gozo!* Los resultados de sus oraciones son inevitables.

Bienaventurado el varón que soporta la tentación; porque cuando haya resistido la prueba, recibirá la corona de vida que Dios ha prometido a los que Le aman (Santiago 1:12). ¡Cuando la Biblia dice *bienaventurado*, significa *bienaventurado*! Todo hombre no es bienaventurado. El hombre bienaventurado es aquel que soporta la tentación sin ceder a la presión de Satanás, sin desmayar ni renunciar a lo que le pertenece en la Palabra de Dios. El hombre es bienaventurado que confía que su pacto con Dios proveerá todo lo que él necesita.

Cuando él es probado, recibirá. Este hombre ha sido probado y ha sido hallado fiel a la Palabra de Dios.

Satanás mismo ha probado la fe de este hombre. No hay nada más para aquel hombre sino sólo recibir lo que él ha pedido de Dios. El recibe todo lo que él ha confiado en la Palabra de Dios que obtendrá. Dios establecerá Su pacto en su vida. La corona de vida es lo mejor de Dios— no sólo lo mejor en el cielo, sino lo mejor que la vida tiene que ofrecer aquí en la tierra. W. E. Vine dice que "la corona" es usada en esta circunstancia como "un emblema de vida, de gozo, de premio, y de gloria." (Usos similares son encontrados en Filipenses 4:1 y I Tesalonicenses 2:19.) La corona de vida es una vida perfeccionada, completa, con los toques finales. Como diríamos, "La crema que cubre la torta."

Yo nunca antes hasta este momento había visto que Satanás destruye su propia causa al tentar a los creyentes que rehusen dudar la Palabra de Dios. Las tentaciones de Satanás PRUEBAN la fe del creyente firme. Cada vez que Satanás viene a usted con tentación, pruebas, y tribulaciones y usted permanece contra esa tentación sin ceder a su presión, Satanás prueba que usted cree en Dios. Cuando usted pasa la prueba—la prueba de su fe—Satanás ha sellado su propia derrota en su vida.

Satanás hace más notorio el hecho que usted cree en Dios y que él no pudo hacer que usted comprometiera la Palabra de Dios. El cielo ve que usted cree en Dios. La tierra ve que usted cree en Dios. Los ángeles ven que usted cree en Dios. Los demonios ven que usted cree en Dios, y que su propio jefe no pudo hacer nada en contra de la Palabra de Dios.

Cuando el creyente no cede a las demandas de Satanás, ¡hace que Satanás se vea mal! Satanás se somete a un tremendo riesgo cuando ataca a un creyente que no se compromete. El creyente puede *ya sea* ceder a la presión de Satanás o afirmarse de su profesión de fe en la Palabra de Dios. El creyente que depende en su pacto deja a Satanás con nada sino una gran derrota.

Cuando usted prueba a Satanás las suficientes veces que usted no va a comprometer la Palabra de Dios, él se va a retirar de su camino. El es una criatura orgullosa. A él no le gusta estar en derrota. El opera su régimen en temor. Satanás mismo es guiado por el temor. Su derrota le hace verse tan débil como él realmente es. El queda mal frente a sus secuaces del infierno y ante los ojos de los hombres. La derrota de Satanás deja al creyente con el testimonio de como él actuó en la Palabra de Dios frente a la adversidad y ganó. Los testimonios victoriosos afectan a otra gente y los animan a entrar en la Palabra y comenzar a actuar allí. En mi propia opinión y experiencia, estoy convencida que Satanás no trae la tentación, la prueba, y la tribulación a menos que piense que puede ganar. Cuando usted ha logrado permanecer firme y vencido sobre cada prueba que él ha enviado en su dirección, él va a pensarlo dos veces antes de arriesgarse a la probabilidad de una derrota.

Bienaventurado el hombre a quien Tú, Jehová, corriges, y en Tu ley lo instruyes, para hacerle descansar en los días de aflicción, en tanto que para el impío se cava el hoyo (inevitable) . . . sino que el juicio será vuelto a la justicia, y en pos de ella irán todos los rectos de corazón (Salmo 94:12-13, 15 de la Biblia Amplificada).

El Hombre Bendito

Bienaventurado el hombre que teme a Jehová, y en Sus mandamientos se deleita en gran manera.

Su descendencia será poderosa en la tierra; la generación de los rectos será bendita.

Bienes y riquezas hay en su casa, y su justicia permanece para siempre.

Resplandeció en las tinieblas luz a los rectos; el clemente, misericordioso, y justo.

El hombre de bien tiene misericordia, y presta; gobierna sus asuntos con juicio,

por lo cual no resbalará jamás; en memoria eterna será el justo.

No tendrá temor de malas noticias; su corazón está firme, confiado en Jehová.

Asegurado está su corazón; no temerá, hasta que vea en sus enemigos su deseo.

Reparte, da a los pobres; su justicia permanece para siempre; su poder será exaltado en gloria.

Lo verá el impío y se irritará; crujirá los dientes, y se consumirá. El deseo de los impíos perecerá.

Salmo 112

Bienaventurado el hombre. Este hombre teme al Señor y se deleita en Su Palabra. Es amable y lleno de compasión y justicia. El hace favores y presta.

El guía sus asuntos con discreción. No es movido. *No tendrá temor de malas noticias; su corazón está firme, confiado en Jehová.* Este hombre confía en la Palabra de su Dios. Su corazón está establecido en el pacto. No teme ningún mal.

El ha distribuido liberalmente y ha dado a los pobres. Ha dado y le será dado a él—buena medida, apretada, remecida, y rebozando.

La Palabra no dice que su simiente posiblemente será poderosa sobre la tierra; dice que su simiente *ciertamente* será poderosa sobre la tierra. La Palabra no dice que las riquezas y la abundancia estarán probablemente en su casa; ¡dice que las riquezas y la abundancia estarán *ciertamente* en su casa!

Su justicia permanece para siempre; su poder será exaltado en gloria. La justicia, las riquezas, y el honor son suyos para siempre porque él se deleita en la Palabra de su Dios.

Satanás verá las bendiciones de Dios sobre este hombre y se irritará porque no puede hacer nada para alterar el pacto de Dios. *El deseo de los impíos perecerá.* Satanás no puede detener la bendición de Abraham de ser establecida en la vida de este hombre.

Cuando usted es obediente a la Palabra de Dios, nada puede detener que Su abúndancia y riquezas vengan a su casa—excepto usted. Si usted no acepta la prosperidad, Dios no hará más allá de lo que usted esté dispuesto a recibir. ¡Pero si usted está listo y obediente, usted *comerá* de las bendiciones de la tierra!

Libros por Gloria Copeland

La Voluntad de Dios para Usted
Y Jesús Sanaba a Todos
Andar en el Espíritu

Libros por Kenneth Copeland

La Fuerza de la Fe
La Fuerza de la Justicia
La Decisión Es Suya
Bienvenido a la Familia
Una Ceremonia de Matrimonio
Usted Es Sanado
El Poder de la Lengua
Actualmente Estamos en Cristo Jesús
Libertad del Temor
Prosperidad: Elija Usted
Sensitividad de Corazón
Oración: Su Fundamento para el Exito

Por un catálogo completo de libros, cintas de
enseñanzas, y discos, escriba a:

Ministerios Kenneth Copeland
Fort Worth, Texas 76192
U.S.A.

Oficinas Internacionales
de
Ministerios Kenneth Copeland

Ministerios Kenneth Copeland
P.O. Box 15
Bath, BA1 1GD
INGLATERRA

Ministerios Kenneth Copeland
Box 2067
Manila 2800
ISLAS FILIPINAS

Ministerios Kenneth Copeland
P.O. Box 830
Randburg 2125
AFRICA DEL SUR

Ministerios Kenneth Copeland
P.O. Box 58248
Vancouver, BC V6P 6K1
CANADA

Ministerios Kenneth Copeland
P.O. Box 73003
Kowloon, Central Post Office
HONG KONG

Ministerios Kenneth Copeland
Private Bag 2
Randwick, N.S.W. 2031
Sydney
AUSTRALIA